OCÉAN GLACIAL ARCTIQUE

...nland
...emark)

Alaska
(É.-U).

Cercle polaire arctique

...SLANDE
SUÈDE
NORVÈGE
FINLANDE
RUSSIE

EUROPE

KAZAKHSTAN
MONGOLIE
OUZBÉKISTAN
GÉORGIE
ARMÉNIE
AZERBAÏDJAN
KIRGHIZSTAN
ASIE
CORÉE DU NORD
CORÉE DU SUD
JAPON
OCÉAN PACIFIQUE
TURQUIE
TURKMÉNISTAN
TADJIKISTAN
TUNISIE
CHYPRE
SYRIE
LIBAN
IRAK
IRAN
AFGHANISTAN
CHINE
...AROC
ISRAËL
JORDANIE
KOWEÏT
BOUTHAN
ALGÉRIE
LIBYE
ÉGYPTE
PAKISTAN
NÉPAL
TAÏWAN
Tropique du Cancer
QATAR
É.A.U.
ARABIE SAOUDITE
BANGLADESH
...RITANIE
AFRIQUE
OMAN
INDE
MYANMAR
LAOS
MALI
NIGER
ÉRYTHRÉE
YÉMEN
VIETNAM
PHILIPPINES
...BURKINA FASO
TCHAD
SOUDAN
CAMBODGE
DJIBOUTI
BÉNIN
NIGERIA
THAÏLANDE
GHANA
ÉTHIOPIE
CENTRAFRIQUE
SOUDAN DU SUD
CAMEROUN
SOMALIE
SRI LANKA
MALAISIE
TOGO
CÔTE D'IVOIRE
OUGANDA
KENYA
Équateur
GABON
RÉP. DÉM. DU CONGO
RWANDA
BURUNDI
CONGO
PAPOUASIE-NOUVELLE-GUINÉE
TANZANIE
OCÉAN INDIEN
INDONÉSIE
TIMOR LESTE
ANGOLA
ZAMBIE
MALAWI
MOZAMBIQUE
ZIMBABWE
NAMIBIE
MADAGASCAR
BOTSWANA
Tropique du Capricorne
AUSTRALIE
ESWATINI
AFRIQUE DU SUD
LESOTHO
OCÉANIE
NOUVELLE-ZÉLANDE

OCÉAN GLACIAL ANTARCTIQUE

Cercle polaire antarctique

0 — 2 000 km
Échelle à l'Équateur

Ce livre appartient à :

Prénom : ....

Nom : ....

Collection dirigée par :
Isabelle **Petit-Jean**
Professeure des écoles

Ouvrage rédigé par :
Isabelle **Petit-Jean**
Professeure des écoles

Micheline **Cazes Witta**
Professeure d'anglais

Marian **Hollings**
Rédactrice de presse anglophone

Guide pour les parents :
Clémence **Roux de Luze**
Journaliste spécialisée

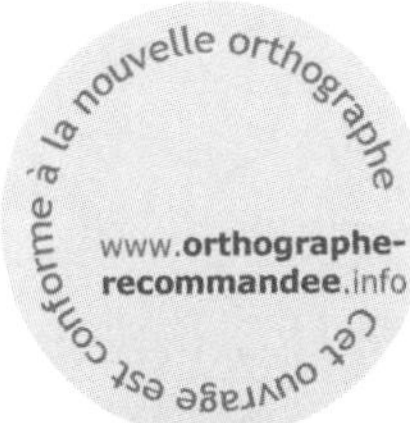

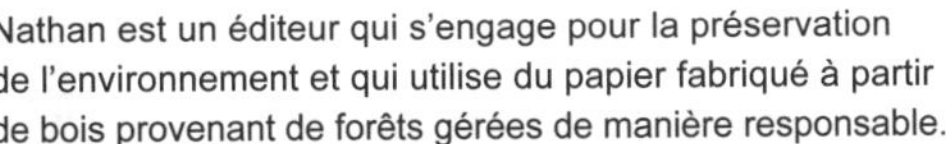
Nathan est un éditeur qui s'engage pour la préservation de l'environnement et qui utilise du papier fabriqué à partir de bois provenant de forêts gérées de manière responsable.

Présentation

Cet ouvrage complet a été conçu et rédigé par une équipe d'enseignants pour un usage à la maison. Conforme au programme officiel, il contient tout ce qui est nécessaire à votre enfant pour réussir son CE2, dans toutes les matières.

Les leçons et les exercices

Chaque leçon est abordée sur une double page. Cette organisation fournit des repères clairs et invite à suivre une démarche efficace : d'abord comprendre et revoir une notion (page de gauche) puis s'entrainer (page de droite).

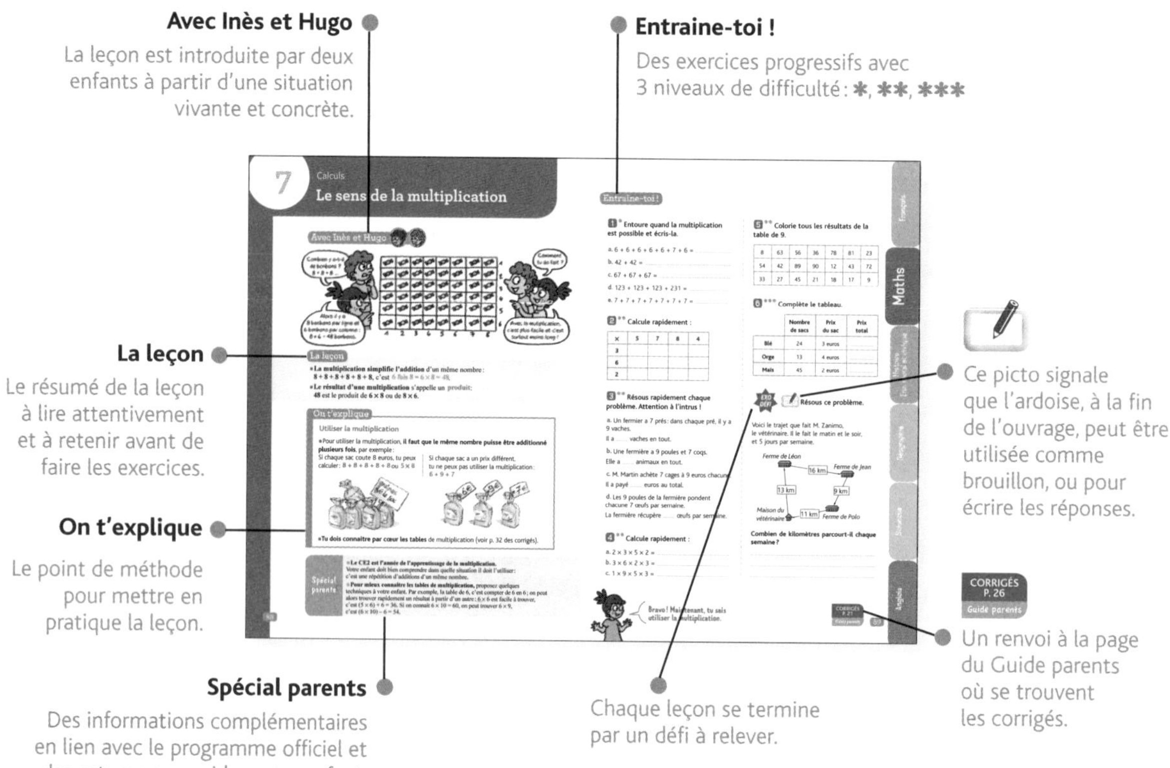

Avec Inès et Hugo
La leçon est introduite par deux enfants à partir d'une situation vivante et concrète.
Entraine-toi !
Des exercices progressifs avec 3 niveaux de difficulté : *, **, ***
La leçon
Le résumé de la leçon à lire attentivement et à retenir avant de faire les exercices.
On t'explique
Le point de méthode pour mettre en pratique la leçon.
Ce picto signale que l'ardoise, à la fin de l'ouvrage, peut être utilisée comme brouillon, ou pour écrire les réponses.
CORRIGÉS P. 26 Guide parents
Un renvoi à la page du Guide parents où se trouvent les corrigés.
Spécial parents
Des informations complémentaires en lien avec le programme officiel et des astuces pour aider votre enfant.
Chaque leçon se termine par un défi à relever.
7
Calculs
Le sens de la multiplication

Les bilans

Des **bilans notés** en français et en maths permettent de vérifier l'acquisition des connaissances tout au long de l'année. Ils sont placés à la fin de chaque matière.

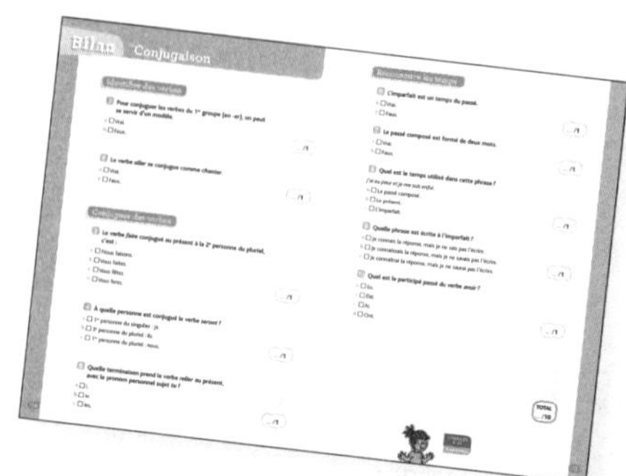

Les bandes dessinées

Inès et Hugo accompagnent votre enfant tout au long de l'ouvrage.
Des bandes dessinées mettent en scène les deux personnages compagnons, pour aider votre enfant à entrer de façon ludique et concrète dans la leçon.

Avec Inès et Hugo
Oh regarde cet ours noir !
Je crois que c'est une ourse noire !
Et ce gros lion !
Une grosse lionne plutôt !
Et là, une belle guenon !
Non, c'est un singe ! Tu confonds le féminin et le masculin. Tu vas les vexer !

Le Guide parents

Le programme du CE2

Un guide pour vous, parents
Grâce au guide détachable, vous aurez une vision complète de la scolarité de votre enfant. Vous y trouverez :
- le programme officiel du CE2
- des réponses à vos questions, matière par matière
- des conseils et des informations sur l'école
- les corrigés des exercices et des bilans
- les corrigés du mémento effaçable

L'ardoise et le mémento effaçables

L'ardoise effaçable peut être utilisée comme une feuille de brouillon ou comme support pour réaliser certains exercices sans qu'il soit nécessaire d'avoir recours à une feuille à part.

Le mémento effaçable permet de réviser autant de fois que votre enfant le souhaite les tables de multiplication et les tableaux de conjugaison. Ces pages peuvent être utilisées avec **n'importe quel feutre effaçable**.

Vous pouvez détacher l'ardoise si vous le souhaitez en suivant les pointillés.

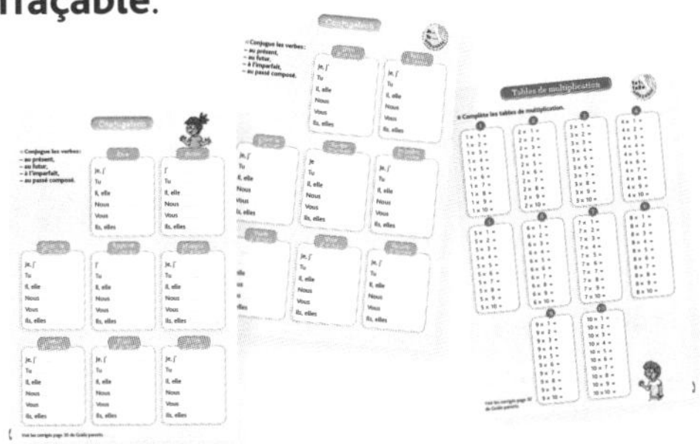

Les corrigés du mémento se trouvent à la fin du Guide parents.

Sommaire

Français

Histoire - Enseignement moral et civique

Géographie

Mathématiques

Sciences et technologie

Anglais

TOUS LES CORRIGÉS DANS LE GUIDE PARENTS

☑ Coche les cases quand tu as terminé une leçon !

La compréhension d'un texte

Avec Inès et Hugo

Qui est le personnage principal ?

C'est une histoire qui fait peur ?

Que se passe-t-il ? Où ça ? Quand ?

Du calme ! D'abord tu lis pour te faire plaisir.

Et après tu dois pouvoir répondre aux questions.

Le cri de Tarzan

Depuis une semaine, Maxime, neuf ans, a une drôle d'idée en tête ! Ça lui a pris un soir. La petite famille était bien calée au fond du canapé, un saladier de pop-corn à portée de main, pour regarder un vieux film d'aventures en noir et blanc, Tarzan, l'homme singe.

Passionné par l'histoire de cet orphelin recueilli et élevé par des gorilles en pleine jungle, Maxime l'avait regardé jusqu'au bout. D'habitude, à la maison comme à l'école, Maxime se lasse très vite des choses. Eh bien cette fois, pas du tout ! Les acrobaties de l'homme singe au bout d'une liane ainsi que son cri – un long « ohohohohooooo » – l'avaient fasciné. Alors que le mot « FIN » envahissait l'écran, le garçonnet avait pointé l'index vers le téléviseur :

– C'est ce que je veux faire !

Marc et Martine, ses parents, l'avaient regardé stupéfaits :

– Tu veux être acteur ?

– Non.

– Réalisateur ?

– Mais non, je veux faire comme Tarzan !

D'après *Contes et récits des Jeux olympiques*, G. Massardier, © Nathan 2000.

La leçon

- **Comprendre un texte, c'est pouvoir répondre aux questions :**
  – **Où et quand** se passe l'histoire ?
  – Quels sont les **différents personnages** ?
  – Quels sont les **évènements importants** du récit ?

On t'explique

Comprendre un texte

- Lis attentivement le texte.
- Repère les différents paragraphes : ils t'annoncent une **situation nouvelle**.
- Pour répondre aux questions, cherche l'information dans le texte, ou bien devine-la grâce aux indices.

Spécial parents

- **Répondre aux questions : qui ? où ? comment ? quand ?**, c'est comprendre l'idée générale du texte. Cela permet à votre enfant de déduire certaines informations qui ne sont pas directement contenues dans le récit.

Entraine-toi !

1 * Relis le texte page 6 et réponds aux questions.

a. Quel est l'auteur de cette histoire ?

....

b. Quels sont les personnages du récit ?

....

c. Où se passe l'histoire ? ....

....

d. Pourquoi les parents de Maxime sont-ils étonnés ? ....

....

2 ** Remets les paragraphes dans l'ordre en les numérotant.

Ils réfléchirent longtemps ensemble. Est-ce qu'ils allaient demander de l'or, des bijoux, une belle maison ? Finalement, le bucheron dit :
« Moi, j'ai faim ! Mangeons d'abord.
– Hélas ! Il n'y a que de la soupe, se désola sa femme. Je n'avais pas d'argent pour acheter de la viande.
– Encore de la soupe ! grogna le bucheron. Comme j'aimerais avoir une bonne saucisse bien grasse à manger ce soir. » À peine eut-il prononcé ces mots qu'une bonne saucisse bien grasse apparut sur la table de la cuisine.

Un jour, un pauvre bucheron travaillait dans la forêt. Soudain, il vit une fée des bois debout sur une feuille. Il ferma les yeux, se les frotta et les rouvrit : elle était encore là !
« Je suis venue t'offrir trois souhaits, lui expliqua-t-elle. Tes trois prochains souhaits vont se réaliser. Sois raisonnable. »
Et elle disparut...
Son travail terminé, le bucheron rentra chez lui et raconta tout à sa femme.
« Tu as dû rêver, lui lança-t-elle en riant. Cela dit, on ne sait jamais, fais attention avant de souhaiter quoi que ce soit ! »

Ils n'eurent plus qu'à souhaiter d'être débarrassés de cette saucisse gênante. Le bucheron prononça le souhait, et, aussitôt, la saucisse disparut. Il s'assit avec sa femme pour manger la soupe qu'elle avait préparée. Pendant longtemps, la seule chose sur laquelle ils tombaient d'accord, c'était sur leur bêtise.

« C'est malin ! hurla sa femme. Tu as gâché un de nos précieux souhaits ! »
Et elle continua à crier. Il s'exclama :
« Je voudrais que cette saucisse te pende au bout du nez ! »
Aussitôt, la grosse saucisse sauta en l'air et vint se coller au bout du nez de sa femme. Elle n'arrivait plus du tout à parler. Elle tira et tira sur la saucisse. Mais la saucisse ne bougea pas. Le bucheron se souvint qu'il n'avait plus qu'un seul souhait :
« Demandons toutes les richesses du monde.
– Quel bien cela me fera-t-il ? pleurait-elle. Je ne pourrai pas en profiter un seul instant. Les gens se moqueront de moi où que j'aille. »
Le bucheron aimait sa femme et c'était un brave homme.

Souligne les bonnes réponses.

a. Quel type de texte viens-tu de lire ?
un récit – un conte – un poème

b. Donne un titre à cette histoire.
La Fée de la saucisse – Les Trois Souhaits – Le Bucheron et le Génie

c. Que se passe-t-il à la fin de l'histoire ?
Ils se retrouvent comme au début. – Ils sont riches. – Ils sont fâchés.

Bravo ! Maintenant, tu sais répondre aux questions pour comprendre un texte.

2

Lecture / Expression écrite

La lecture d'un texte documentaire

Avec Inès et Hugo

La construction d'un château fort

Un chantier pouvait **durer dix ans ou même vingt ans**.
Jusqu'au 10e siècle, on a construit des châteaux en bois. Puis on a utilisé la pierre, beaucoup plus solide et surtout ininflammable. Le château était construit sur le point le plus haut du domaine.
Le plan et la construction d'un château étaient confiés au maitre **maçon**. Il engageait des compagnons pour tailler et sculpter la pierre et des **manœuvres** pour monter les murs. Sur un chantier, on pouvait dénombrer 400 maçons et 2 000 manœuvres.
Les **charpentiers** séchaient, découpaient les troncs d'arbres. Ils ajustaient les poutres, creusaient des trous, façonnaient, puis, une fois le bois posé, ils couvraient le toit.
Les **forgerons** (30 environ) fabriquaient des outils et les réparaient.
Des **apprentis** étaient chargés de garder le feu allumé.

Tiens, il y a des illustrations !
Et les mots en gras ?

Ce sont les mots importants du document.
C'est plus facile pour comprendre les informations !

La leçon

- **Un texte documentaire** est un texte qui **donne des** informations ou des explications. Les informations peuvent être sous forme de **textes**, d'**images**, de **chiffres**...

On t'explique

Rechercher une information

- **Pour rechercher une information**, aide-toi des paragraphes, des images et des mots-clés : si tu veux connaitre le métier de forgeron, recherche le mot *forgeron* dans le texte et tu auras la réponse.

Spécial parents

- **Très vite votre enfant est confronté à des types d'écrits très différents :** des textes littéraires (conte, récit, poésie...), informatifs (article de journal, carte de géographie...) ou utilitaires (recette, fiche technique...).
- **La lecture d'un document n'est donc plus forcément linéaire** (du début à la fin du texte), mais devient une recherche d'informations.

Entraine-toi !

1 * En t'aidant du texte de la page 8, coche ce qui est vrai.

a. ☐ Un château fort était toujours construit en hauteur.

b. ☐ Les apprentis s'occupaient du feu.

c. ☐ Les maçons coupaient les arbres.

d. ☐ Il y avait plusieurs centaines d'ouvriers sur le chantier.

e. ☐ Les premiers châteaux forts étaient en bois.

2 ** Lis ces trois textes et coche le seul texte documentaire.

a.

> Beau chevalier qui partez pour la guerre
> Qu'allez-vous faire
> Si loin d'ici ?
> Ne voyez-vous pas que la nuit est profonde,
> Et que le monde
> N'est que souci ?
>
> Alfred de Musset

b.

> Il était une fois un seigneur très fier car son château était le plus grand du royaume. Un jour, son rival, le comte d'Effroy, lui déclara la guerre. Tout le château fut brulé et le seigneur dut laisser ses terres au vainqueur.
> Alors, il partit.

c.

> À l'intérieur du château vivaient le seigneur et sa famille, des chevaliers et des soldats, certains membres du clergé, des ouvriers et des servants. Dans les premiers châteaux forts, la vie n'était pas très confortable.

3 * Lis bien ce texte documentaire et réponds aux questions.**

> - 481 : Avènement de Clovis, roi des Francs saliens de Tournai.
> - 493 : Clovis épouse Clotilde, princesse burgonde.
> - 498 : Baptême de Clovis à Reims.
> - 507 : Victoire de Clovis sur les Wisigoths.
> - 509 : Clovis, reconnu roi par les Francs ripuaires, devient seul roi des Francs.
> - 511 : Mort de Clovis et partage du royaume entre ses quatre fils.

a. En quelle année Clovis devient-il roi de tous les Francs ? ....

....

b. Comment s'appelle son épouse ?

....

c. Que se passe-t-il en l'an 511 ?

....

....

....

Observe ce document, puis réponds par Vrai ou Faux.

> **À vendre jeu PC**
> « La quête du chevalier Yvain »
> Découvre le Moyen Âge à travers trois aventures.
> Âge : + 9.

a. C'est un jeu pour ordinateur. ....

b. On apprend à connaitre le Moyen Âge en jouant. ....

c. C'est un jeu pour les tout-petits. ....

Bravo ! Tu es devenu(e) incollable sur la recherche d'informations.

3

Lecture / Expression écrite

L'écriture d'un portrait

Avec Inès et Hugo

Quelle drôle de bonne femme !

Histoire de connaître mon avenir, j'ai consulté une voyante extralucide. J'ai sonné à la porte de Mme Rosa Longue-Vue. C'est elle qui a ouvert. Elle avait une tête à faire peur : turban sur le crâne, maquillage multicolore genre film d'horreur, bouche en cul de poule, boucles d'oreilles démesurées. Une vraie caricature.

Elle portait un châle qui enveloppait son corps des épaules aux pieds. Elle m'a prié d'entrer et m'a fait asseoir près d'un guéridon.

Le Fil à retordre,
C. Bourgeyx, © Nathan.

Comment le sais-tu ?
Tu ne sais pas lire ? Un portrait peut être aussi écrit.

La leçon

- **Écrire un portrait, c'est décrire une personne ou un animal :** on peut décrire son physique, mais aussi parler de son caractère, de ses gouts...

On t'explique

Écrire un portrait

- **Pour écrire un portrait, emploie des mots particuliers :**
  – ceux du corps :
  Sa grosse bouche, ses cheveux mal coiffés.
  – ceux décrivant des traits de caractère :
  Elle est gentille, elle parait un peu bête.
  – ceux décrivant des accessoires :
  Un grand turban violet, un long châle.
- **Pour éviter les répétitions, utilise des synonymes :**
  grand/immense, elle a/elle porte, elle fait peur/elle effraie.

Spécial parents

- **Cet exercice est très apprécié des enseignants** car il permet d'évaluer le vocabulaire des enfants, leur orthographe, leur imagination.
- **Vous pouvez jouer avec votre enfant en décrivant** avec lui une photo ; faites-lui trouver un maximum de synonymes pour lui montrer qu'il possède un vocabulaire déjà conséquent.

Entraine-toi !

1 * D'après le texte de la page 10, complète cette phrase :

La description de la voyante commence à la ligne .... et finit à la ligne ....

2 ** Observe le dessin page 10 et décris le visage de la voyante en utilisant ces mots :

yeux	*cou*
bouche	*un peu bête*
joues	*nez*

....

....

....

....

....

....

....

....

3 ** Dans ce texte, souligne en bleu tout ce qui concerne le physique du personnage et en rouge tout ce qui concerne son caractère.

Moi je suis moche, enfin un peu. Mes courts cheveux noirs encadrent mon visage maigre. Je suis petite mais je n'ai peur de personne ! Mes yeux marron sont un peu trop grands. Mais quand je suis en colère, personne n'ose me regarder. Je suis souvent mal habillée. J'aimerais être un garçon, car j'adore jouer au foot. Mais ce que je préfère, c'est la bagarre !

4 * Observe ce personnage et barre tous les mots de chaque liste qui ne conviennent pas pour écrire son portrait.**

a. une sorcière – une fée – un homme fort

b. une jupe orange – un grand manteau – une robe rouge

c. des chaussures de marche – des chaussons – des sandalettes

d. un long nez avec une verrue – des beaux yeux verts – des dents bien alignées

e. des collants à rayures – une casquette verte – un foulard rose

EXO DÉFI  **Choisis un personnage et écris son portrait sur l'ardoise.**

Bravo ! Tu maitrises l'écriture du portrait.

CORRIGÉS P. 14
Guide parents

Vocabulaire

4 Le dictionnaire

Avec Inès et Hugo

La leçon

- Dans le dictionnaire, **les mots sont classés dans l'ordre alphabétique**. Il faut donc que tu connaisses bien les **26 lettres** de notre alphabet.
- Le dictionnaire fournit **beaucoup de renseignements** sur un mot :

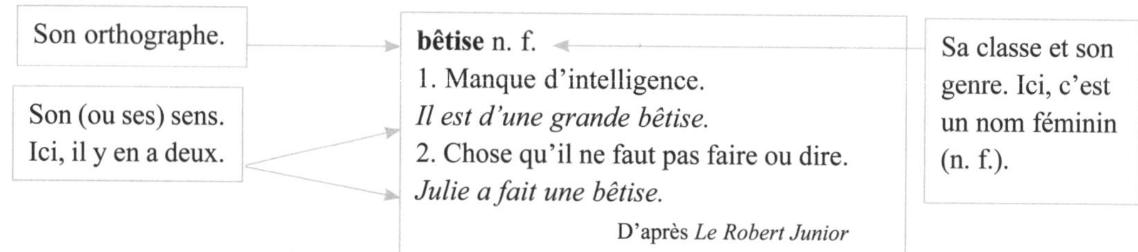

Son orthographe.
Son (ou ses) sens. Ici, il y en a deux.
bêtise n. f.
1. Manque d'intelligence.
Il est d'une grande bêtise.
2. Chose qu'il ne faut pas faire ou dire.
Julie a fait une bêtise.
D'après *Le Robert Junior*
Sa classe et son genre. Ici, c'est un nom féminin (n. f.).

On t'explique

Chercher un mot dans le dictionnaire

- Tu dois connaitre **l'ordre alphabétique par cœur** :

a, b, c, d, e, f, g, h, i, j, k, l, m, n, o, p, q, r, s, t, u, v, w, x, y, z

– Si tu cherches un mot qui commence :

par a, b, c... ouvre ton dictionnaire vers le début,

par l, m, n... cherche au milieu,

par u, v... ouvre-le plutôt vers la fin.

– Aide-toi ensuite des deux mots-repères en haut de chaque double page du dictionnaire : ils t'indiquent le premier et le dernier mot définis dans cette double page.

Spécial parents

- **Le dictionnaire est un ouvrage essentiel pour votre enfant**. Non seulement il permet de vérifier l'orthographe des mots, mais il donne aussi d'autres renseignements : la classe des mots (si ce sont des verbes, des noms…), leurs différents sens, leurs synonymes, leurs antonymes, leur étymologie (de quelle langue ils sont issus)…

Entraine-toi !

1 * Pour chaque lettre, écris celle qui est juste avant et celle qui vient juste après dans l'alphabet.

a. ... G ... c. ... S ...
b. ... D ... d. ... M ...

2 * Range ces mots dans l'ordre alphabétique.

a. souris – abeille – crocodile – girafe

....

....

b. anguille – autruche – asticot – aigle

....

....

c. mouton – mouche – moustique – moucheron

....

....

3 * Complète les phrases avec *avant* ou *après*.

Si j'ouvre mon dictionnaire à la lettre...

a. *k*, le mot *lunette* se trouve ....
b. *t*, le mot *serpent* se trouve ....
c. *f*, le mot *jaguar* se trouve ....
d. *r*, le mot *panda* se trouve ....

4 * Cherche ces noms dans le dictionnaire et indique leur genre (F, féminin ou M, masculin).

a. pétale : ... c. geôle : ...
b. vison : ... d. chenet : ...

5 ** Relie les abréviations aux mots entiers.

v. •	• nom féminin
adj. •	• verbe
n. f. •	• nom masculin
n. m. •	• adjectif

6 * Observe bien cet article de dictionnaire, puis complète les phrases avec la lettre qui convient.**

A B
marmotte : n. f.
Petit animal rongeur qui ressemble à un gros écureuil. C
La marmotte hiberne pendant 7 mois.
Dormir comme une marmotte veut dire dormir profondément. D

D'après *Le Robert Junior*

Si je cherche...

a. la classe de ce mot, je lis le ...... ;
b. son orthographe, je lis le ...... ;
c. sa signification, je lis le ...... ;
d. un exemple d'emploi, je lis le ....

EXO DÉFI Cherche les mots suivants dans le dictionnaire : *loup*, *griffer*, *canine*, *élan*.
Puis reproduis le tableau suivant sur l'ardoise et complète-le.

	loup	*griffer*	...
classe et genre			
nombre de sens			
mot qui vient après			

Bravo ! Maintenant, le dictionnaire n'a plus aucun secret pour toi.

CORRIGÉS P. 14 Guide parents

Vocabulaire

5 Les familles de mots

ZZZZZ
Dans la famille du mot dormir, je voudrais dormeur, s'endormir et dortoir.
Alors, tu joues ?

La leçon

- **Une famille de mots** est construite à partir d'un mot de base :
  dormir
- Tous les mots d'une famille ont la **même orthographe** et un **sens proche** :
  ***s'en**dormir, un dorm**eur**, un dort**oir**...*

Attention ! Certains mots se ressemblent, pourtant ils ne font pas partie de la même famille :
*bal/bal**le**, fil/fil**le**.*

On t'explique

Chercher un mot de la même famille

- **On trouve ou on construit une famille de mots** en rajoutant au mot de base des préfixes (au début) et des suffixes (à la fin) :

  en**-dormir* (préfixe) — *dorm-**eur (suffixe)

- **Pour trouver des mots de la même famille**, aide-toi du sens :
  *bond, bond**ir**, **re**bond**ir***

Attention à *bonté* qui vient du mot *bon* !

Spécial parents

- **À partir du mot de base** (appelé aussi radical ou racine), on peut écrire tous les mots de sa famille : ce sont les mots « dérivés ». Pour cela, on utilise des préfixes (avant le mot) ou/et des suffixes (après le mot) :

  ra – *lent* – *ir*
  préfixe radical suffixe

- **Grâce à ces mots dérivés, on peut entendre les « lettres muettes »** (voir p. 40) : *grand/grande, bord/bordure*, et éviter ainsi des fautes d'orthographe.

Entraine-toi !

1 * Colorie de la même couleur tous les mots d'une même famille.

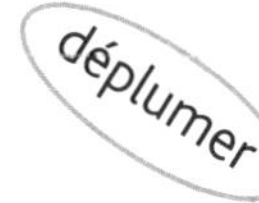

2 * Barre l'intrus dans chaque liste.

a. enfiler – fil – fillette – défiler

b. laideur – lait – laide – enlaidir

c. planter – replanter – plantoir – planeur

d. joie – joyeux – journal – joyeusement

3 ** Rajoute un suffixe à ces mots pour qu'ils deviennent des verbes de la même famille.

Exemple : *bord* → *border*

a. plant : ....

b. grand : ....

c. jaune : ....

d. nage : ....

e. gros : ....

f. vol : ....

g. noir : ....

4 ** Rajoute un suffixe pour transformer ces verbes en noms.

Exemple : *changer* → *le changement*

a. opérer : faire une ....

b. ouvrir : faire une ....

c. passer : faire un ....

5 * Retrouve le mot de base de chaque famille.**

a. démonter – monter – montagne :

....

b. bordure – déborder – débordement :

....

c. drapeau – drapé – draperie :

....

6 * Rajoute un préfixe pour trouver d'autres verbes de la même famille.**

Exemple : *passer* → *dépasser*

a. faire : ....

b. coller : ....

c. porter : ....

d. monter : ....

À partir de ces mots de base, trouve trois mots de la même famille.

a. fleur : ....

b. force : ....

c. chant : ....

Bravo ! Maintenant, tu sais identifier des familles de mots.

CORRIGÉS P. 14 Guide parents

6 Vocabulaire

Les différents sens d'un mot

Avec Inès et Hugo

J'ai besoin d'une carte !
Oui, mais laquelle ? Une carte à jouer, une carte de restaurant ou une carte de France ?
MENU

Heu ! Je parlais d'une carte postale !
Pff, sois plus précis alors !

La leçon

▪ **Un mot peut avoir plusieurs sens.**

Par exemple, le mot **carte** peut vouloir dire :
- une **carte à jouer** (un as de pique, un roi de cœur) ;
- la **carte d'un restaurant** (le menu) ;
- la **carte de géographie** (un plan) ;
- une **carte pour écrire du courrier** (une carte postale).

On t'explique

Connaitre les différents sens d'un mot

▪ **Pour connaitre les différents sens d'un mot**, utilise le dictionnaire :

> **plume** n. f.
> **1.** Élément qui recouvre la peau des oiseaux.
> **2.** Petit bout de métal pointu au bout d'un stylo.
> D'après *Le Robert Junior*

Le mot *plume* a deux sens.

▪ **Aide-toi aussi du texte** dans lequel le mot se trouve. C'est le sens qui te donnera la définition du mot.

Le pigeon lisse ses ***plumes****.* (sens **1**)
La ***plume*** *de son stylo est en or.* (sens **2**)

Spécial parents

▪ **Selon le contexte, un même mot peut ne pas vouloir dire la même chose :** *Je mange une glace, je me regarde dans la glace.*

▪ **Encouragez votre enfant à utiliser son dictionnaire :** dans les dictionnaires juniors, des exemples aident à comprendre les différents sens.

Entraine-toi !

1 * Tous les dessins de chaque liste ont le même nom. Lequel ?

  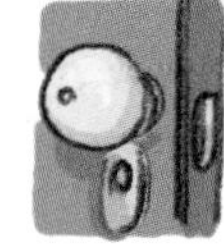 

a. un ....

b. la ....

2 ** Associe chaque groupe de mots à la définition qui convient.

un jeune matelot – des bulles de savon – un dessert – une plante

a. J'adore la *mousse* au chocolat.

....

b. Le capitaine du bateau a engagé un nouveau *mousse*.

....

c. La *mousse* pousse au pied des arbres.

....

d. Tu as mis trop de *mousse* dans le bain !

....

3 * Trouve le mot qui convient pour chaque groupe de phrases.**

a. Je n'ai plus de .... dans mon cahier.

C'est l'automne, les .... tombent.

b. J'ai mal aux pieds, je dois avoir une ....

L' .... de ma lampe a grillé !

c. Ils sont partis faire un .... au bord de la mer.

Où est cette .... en ruine ?

4 * Recopie les phrases en remplaçant le verbe *faire* par un des verbes suivants :**

terminer – préparer – tricoter.

a. Mon oncle nous fait un bon gâteau.

....

....

b. Ma mère me fait une belle écharpe rouge !

....

....

c. Ma cousine a fait tous ses devoirs.

....

....

Trouve le mot qui répond à chaque devinette.

a. Je suis une partie du corps et une partie d'une table : ....

b. Je suis une couleur et un fruit : ....

c. On me trouve chez la boulangère ou dans le ciel en regardant la Lune : ....

d. Il y en a 26 dans notre alphabet et grâce à elles je peux en écrire une : ....

Bravo ! Tu es devenu(e) incollable sur les différents sens d'un mot.

7

Vocabulaire

Les synonymes, les antonymes et les homonymes

Avec Inès et Hugo

Ah ! Comme je suis beau, beau, mais vraiment beau !
Tu pourrais varier et employer des synonymes au moins : élégant, magnifique, splendide…
Tu penses vraiment ce que tu dis ?
Non, au contraire, je te trouve moche, laid et affreux !

La leçon

- **Les synonymes** sont des mots qui ont presque le **même sens** :
  *Il est mince ➜ il est **fin**.* *Il s'admire ➜ il **se contemple**.*
- **Les antonymes** sont des mots qui ont un **sens opposé** :
  *Il est mince ➜ il est **gros**.* *Il rit ➜ il **pleure**.*
- **Les homonymes** sont des mots qui **se prononcent de la même façon** mais qui n'ont pas le même sens : *Il est **laid*** (il est affreux). ➜ *Il boit du **lait*** (une boisson).

On t'explique

Trouver des synonymes, dire le contraire et choisir le bon homonyme

- **Pour trouver des synonymes**, tu peux utiliser des mots de sens voisin qui n'ont pas le même niveau de langue :
  un enfant / un gamin (langage familier) *une maison / une demeure* (langage soutenu)
- **Pour dire le contraire**, tu peux utiliser :
  – des antonymes : *grand / **petit***;
  – des phrases négatives : *Il **n'est pas** grand*;
  – des mots de la même famille : *Il monte / il **dé**monte*.
- **Pour choisir le bon homonyme**, tu peux t'aider :
  – des familles de mots : *laid / laideur, lait / laitage* ;
  – des classes des mots : *il porte* (verbe), *la porte* (nom).

Spécial parents

- **Il existe très peu de mots qui signifient exactement la même chose :** c'est pour cela qu'on parle de sens « voisin ». Connaitre des synonymes et des antonymes permet d'éviter d'utiliser toujours les mêmes mots.
- **Tout au long de sa scolarité, votre enfant va rencontrer de plus en plus d'homonymes.** Le meilleur moyen pour lui de les distinguer est de les lui faire employer dans des phrases personnelles.

Entraine-toi !

1 * Entoure de la même couleur chaque couple de mots de sens contraire.

léger – entrer – parler – gentil – méchant – fin – froid – intérieur – autorisé – lourd – chaud – interdit – sortir – se taire – épais – extérieur

2 ** Relie tous les synonymes. Souligne en vert ceux du langage familier.

tomber •	• s'enfuir •	• se barrer
agréable •	• chuter •	• bien
partir •	• sympa •	• se casser la figure
laid •	• moche •	• répugnant

3 ** Entoure l'homonyme qui correspond à la définition.

a. Outil pour couper du bois ou du métal : si – six – scie

b. Personne de sa famille : tente – tante

c. Grande étendue d'eau : laque – lac

d. Le contraire de *vraie* : fosse – fausse

e. Couleur : vers – vert

4 ** Écris *le*, *la* ou *elle*.

a. Sur .... court de tennis, ... court sans arrêt.

b. .... marche trop vite et elle rate .... marche.

c. .... nous conte une histoire mais ce n'est pas .... conte prévu.

5 * Transforme ces phrases négatives en utilisant un mot contraire.**

a. Il n'est pas vieux.

Il est ....

b. Elle n'est pas bonne.

....

c. Nous ne sommes pas à l'heure.

....

d. Vous n'êtes pas méchants.

....

6 * Écris les antonymes en utilisant les préfixes suivants :**

in – mé – a – mal

a. content : ....

b. honnête : ....

c. normal : ....

d. capable : ....

Écris les antonymes.

a. riche : ....

b. reculer : ....

c. ouvert : ....

d. au-dessous : ....

e. pair : ....

f. connu : ....

g. joyeux : ....

Bravo ! Maintenant, tu sais reconnaitre des synonymes, des antonymes et des homonymes.

Français
Maths
Histoire
Ens. moral et civique
Géographie
Sciences
Anglais

8 Vocabulaire

Les niveaux de langue

Avec Inès et Hugo

La leçon

Il existe **3 niveaux de langue** différents :

- Le **langage soutenu** utilise un vocabulaire recherché. On l'emploie souvent à l'écrit.
  Mes camarades se divertissent.
- Le **langage courant** utilise un vocabulaire de la vie quotidienne.
  Mes amis s'amusent.
- Le **langage familier** est souvent employé à l'oral.
  Mes potes s'éclatent.

On t'explique

Adopter le bon niveau de langue

- À l'oral ou à l'écrit, on choisit son niveau de langue **en fonction de la personne à laquelle on s'adresse.**
  – Le **langage soutenu** est utilisé avec des personnes qu'on ne connait pas et dans les textes littéraires.
  – Le **langage courant** est celui qu'on utilise tous les jours à l'oral et à l'écrit.
  – Le **langage familier** est celui employé entre copains et le plus souvent à l'oral.

Spécial parents

- **Le langage soutenu est celui de la littérature** : nous l'utilisons peu.
- Le plus important est que votre enfant comprenne les différences entre ces niveaux de langage : il doit pouvoir **adapter son vocabulaire, à l'oral comme à l'écrit, en fonction des situations**. Plus il enrichira son vocabulaire, plus il maitrisera les niveaux de langue.

Entraine-toi !

1 * Lis ces phrases et indique pour chacune le niveau de langue utilisé : *soutenu*, *courant* ou *familier*.

a. Mes copains se sont barrés aux manèges et ils sont rentrés fauchés !

....

b. Mes amis sont allés se promener à la fête et ils ont dépensé tout leur argent !

....

c. Mes camarades se sont rendus à la fête foraine et ils en sont revenus ruinés !

....

2 * Relie les mots du langage familier à ceux du langage courant.

la bagnole •	• la peur
le bide •	• sympathique
la frousse •	• voler
cool •	• le ventre
piquer •	• la voiture

3 ** Remplace les mots soulignés par ces mots du langage soutenu :
se hâter – chuter – s'engouffrer – se dissimuler.

a. Mon chat adore se cacher sous ma couette !

....

b. Attention à ne pas tomber !

....

c. Il faut se dépêcher car la séance va commencer.

....

d. La porte ouverte laisse le vent entrer dans la maison.

....

4 ** Trouve un mot du langage courant pour remplacer celui du langage familier.

a. C'est vraiment top ! →

....

b. Tu me prêtes ton bouquin ? →

....

c. Il ne vient pas, il est crevé. →

....

d. Zut ! Mon jeu est tout bousillé ! →

....

5 * Complète le tableau avec des synonymes qui correspondent aux différents niveaux de langue.**

familier	courant	soutenu
....	voiture	....
....	....	soulier
se paumer	....	....
....	copains	....

Transforme ces phrases en langage courant.

a. Stop ! Tu me fais trop marrer !

....

....

b. Les potes, on est carrément paumés !

....

....

Bravo ! Maintenant, les niveaux de langue n'ont plus de secret pour toi.

s/ss, c/ç, gu/g/ge

Avec Inès et Hugo

Regarde comme je nage bien ! Un vrai poisson !
Oui, oui, mais moi, je vais gouter.

Regarde ! Je plonge !

PLOUF

Mais tu n'es pas un poisson ! Tu es un vrai poison !

La leçon

■ **Une même lettre peut produire plusieurs sons :**

la lettre s	
(s)	(z)
la serviette *un poisson*	*un poison*

la lettre c	
(k)	(s)
le coude	*le pouce* *un caleçon* *il plaçait*

la lettre g	
(gu)	(j)
le gouter *la guêpe*	*plonger* *un plongeoir*

On t'explique

Éviter les fautes d'orthographe

■ Pour éviter les fautes d'orthographe, **regarde bien les voyelles qui entourent les lettres** s**,** c **et** g.

La lettre s produit
- le **son (s)** : *poisson / serviette*
- le **son (z)** : *poison* (entre **deux voyelles**)

La lettre c produit
- le **son (k)** devant a, o, u : *coude*
- le **son (s)** devant e et i : *pouce / citron* ou avec une **cédille** : *caleçon*

La lettre g produit
- le **son (gu)** devant a, o, u : *gouter / guêpe*
- le **son (j)** devant e et i : *genou / bougie*

Spécial parents

■ **Ces lettres *s*, *c* et *g* produisent des sons différents** selon les voyelles qui les entourent. Les enfants connaissent bien les voyelles, mais ils ne s'en servent pas comme point de repère pour appliquer les règles d'orthographe.

Français

Maths

Histoire
Ens. moral et civique

Géographie

Sciences

Anglais

Entraine-toi !

1 * Entoure les mots dans lesquels tu entends (k).

a. un garçon
b. la piscine
c. une cabine
d. l'escalier
e. le pouce
f. le ciel
g. un coup
h. la caisse
i. le balcon
j. la cigale

2 * Écris *s* ou *ss*.

a. Le pétrole est un poi....on pour les poi....ons.

b. Mon cou....in a pris tous les cou...........ins.

c. Pour ne pas le ca...........er, range-le dans ta ca...........e.

d. Après ton exposé sur le dé...........ert, viens manger ton de...........ert.

3 * Complète le tableau.

gouter – plonger – nageuse – regarder glace – nageoire – toboggan

On entend (gu)	On entend (j)
....	....
....	....
....	....
....	....

4 ** Complète avec *g*, *gu* ou *ge*.

Nous nous diri....ons vers la piscine. La ....entille caissière nous fait entrer. Une fois en tenue, nous plon....ons dans le ....rand bain : « Elle est ....lacée ! » me crie ma copine en tirant la lan...........e. Alors on na...........e un peu et très vite on joue à la ....erre des requins !

5 * Écris ces phrases à l'imparfait. Attention à la lettre *g* et à la lettre *c* !**

Exemple : *Je nage* ➜ *Je nageais.*

a. Il mange sa glace après le bain.

....

b. Il range ses affaires et avance vers la sortie.

....

....

c. On se place à l'ombre et on partage notre gouter. ....

....

Réponds aux devinettes. Aide-toi d'un dictionnaire.

a. C'est un petit fruit noir très acide :
le c.............................

b. C'est le contraire de *reposé* :
f.............................

c. C'est celui qui construit les maisons :
le m.............................

d. Il y en a quatre dans une année :
des s.............................

e. C'est un oiseau qui vit dans les grandes villes :
le p.............................

Bravo ! Maintenant, tu sais écrire les sons que produisent les lettres *s*, *c*, *g*.

CORRIGÉS
P. 15
Guide parents

10 Orthographe

Les accents du e

Avec Inès et Hugo

«Cet ete, j'ai peche.»
Ça ne veut rien dire ce que tu écris !

Pourquoi ?
Si tu ne mets pas les accents, on ne peut pas lire les mots.

«Cet été, j'ai pêché.» Ah oui, c'est plus joli !
Ce n'est pas plus joli, c'est indispensable !

La leçon

- **Selon l'accent choisi, la lettre *e* ne produit pas le même son :**
  - l'accent aigu *é* produit le **son (er)**

    l'été
  - l'accent grave *è*
  - l'accent circonflexe *ê*
  - le tréma *ë*

    } produisent le **son (ai)**

    la pêche en rivière à Noël

Attention ! La lettre *e* n'a pas toujours besoin d'accent :

un casier	*un pied*
un nez	*une adresse*
et	*un serpent*

On t'explique

Choisir le bon accent

- **Place un accent aigu sur le e**, si tu veux obtenir le **son (er)** : é.
- **Tu ne dois pas mettre d'accent sur le e,** si une consonne doublée **suit le e** : *une fourchette, un verre, une chienne…*
- **Pour savoir si tu dois mettre un accent grave, circonflexe ou un tréma** pour obtenir le **son (ai)**, utilise ton dictionnaire.

Spécial parents

- **Les accents sur la lettre *e* sont souvent mal formés, voire oubliés** par les enfants qui, bien souvent, leur accordent peu d'importance. C'est pourtant grâce à eux que le mot prend son sens.
- **Les accents ont aussi un rôle grammatical :** ils permettent de différencier la classe (identité grammaticale d'un mot) des mots : *a/à* (voir p. 26).

Entraine-toi !

1 * Replace les accents aigus oubliés.

a. C'est l'ete : elle s'est habillee pour aller se promener.

b. Les bles sont mûrs, les vaches sont couchees dans les pres.

c. L'orage va bientôt eclater, dejà un vent leger se lève.

2 * Complète avec é ou è.

a. La ch...vre a mang... de l'herbe fraiche.

b. La v...g...tation n'aime pas les temp...ratures ...lev...es.

c. Un g...ranium g...ant pousse pr...s de la rivi...re.

3 ** Entoure les *e* qui n'ont pas besoin d'accent.

UN FERMIER – UN PECHEUR –
UNE GUEPE – UN BEC – LE DESERT

4 ** Réécris ces mots dans le tableau avec leur accent.

bete – fleche – derriere – tres – etre – barriere

ê	è
....	....
....	....
....	....
....	....

5 * Écris le féminin de ces noms et place les accents quand il en faut.**

a. un Indien : ....

b. un fermier : ....

c. le sorcier : ....

d. un boulanger : ....

e. le laitier : ....

f. un maitre : ....

6 * Réécris les phrases en minuscules en plaçant les accents.**

a. DANS LE PRE, SOUS LE GRAND CHENE, LES BETES BROUTENT.

....

....

....

b. LA BERGERE PREFERE MARCHER DANS LES CHAMPS PLUTÔT QUE DANS LA FORET.

....

....

....

Complète ces expressions (tous les noms sont des parties du corps).

a. être .... en l'air

b. avoir les .... sur terre

c. hausser les ....

d. se mordre les ....

Bravo ! Tu es devenu(e) incollable sur les accents du *e*.

CORRIGÉS P. 15 Guide parents

11

Orthographe

a/à, on/ont

Avec Inès et Hugo

Je ne sais jamais lequel choisir : a ou à, on ou ont ?
Oui, c'est difficile. Mais il suffit d'en connaitre au moins deux.
Lesquels ?
Tu connais déjà a et ont du verbe avoir, ça te suffit pour ne plus les confondre.
Génial ! C'est très facile maintenant !

La leçon

- **a et ont sont des formes du verbe avoir au présent :**
  *Il **a** froid. Ils **ont** froid.*
- **à est un petit mot invariable :** *Il va **à** la campagne.*
- **on est un pronom personnel sujet :** ***On** ne doit plus chasser la baleine.*

On t'explique

Distinguer *a/à, on/ont*

- **Pour distinguer *a/à, on/ont***, demande-toi d'abord s'il s'agit du verbe *avoir* dans la phrase. Pour le savoir, conjugue-le à un autre temps :
  *Il **a** faim* ➜ *il **avait** faim.* (verbe *avoir* à l'imparfait)
  *Ils **ont** peur* ➜ *ils **auront** peur.* (verbe *avoir* au futur)
- **Si tu reconnais le verbe *avoir* :**
  – choisis a ➜ *L'ourse **a** perdu son petit. (avoir perdu)*
  – choisis ont ➜ *Les animaux **ont** froid. (avoir froid)*
- **Si tu ne reconnais pas le verbe *avoir* :**
  – choisis à ➜ *Un homme est tombé **à** la mer !*
  – choisis on ➜ ***On** ne doit pas nager ici.*

Spécial parents

- **Les confusions entre des homophones** (mots produisant le même son, mais avec une orthographe et une classe différentes) sont très fréquentes.
- **En CE2, les enfants connaissent encore peu la classe des mots :** *à* est une préposition. En revanche, ils connaissent bien le verbe *avoir*, autant s'en servir pour éviter les fautes.
- **La difficulté de choisir entre *on* et *ont*** vient souvent du mot *on*, car il peut être employé comme un pluriel à l'oral (*on arrive*) ; cependant, à l'écrit, il faut utiliser *nous*.

Entraine-toi !

1 * Souligne les formes du verbe *avoir*.

Les ours polaires ont une fourrure blanche. La femelle donne naissance à un ou deux petits dans la tanière qu'elle a creusée à l'approche du printemps. Les oursons ont du mal à quitter leur mère avant trois ans.

2 ** Complète par *a* ou *à*.

a. Cette baleine n'.... pas de dents.

b. La baleine .... bosse est la meilleure musicienne.

c. Le dauphin .... un ennemi.

d. Les pingouins glissent .... plat ventre.

3 ** Complète par *ont* ou *on*.

a. Du bateau, ... peut observer toute la colonie.

b. Ils n'....... pas froid ?

c. Les albatros .... les plus grandes ailes.

d. .... tue les phoques pour leur fourrure.

4 ** Complète par *a* ou *à*.

a. Le jeune phoque .... du mal .... marcher sur la glace.

b. Le léopard de mer .... des taches sur le corps.

c. .... la saison des amours, les mâles se battent.

d. Les femelles reviennent .... terre pour donner naissance .... leurs petits.

5 ** Complète par *ont* ou *on*.

a. Les manchots n'....... pas d'ailes, mais .... les sait bons nageurs.

b. .... connait 70 espèces de manchots et ils .... tous le dos noir et le ventre gris.

c. Les femelles .... pondu leurs œufs, ... observe le mâle qui les couve.

6 *** Complète par *a*, *à*, *on*, *ont*.

a. L'orque .... de terribles dents : elle peut attaquer .... tout moment.

b. Les orques n'....... peur que des hommes qui .... des armes.

c. .... les voit quelquefois s'approcher des bateaux .... voile ou .... moteur.

EXO DÉFI Invente des phrases avec *a* et *à*, puis *on* et *ont*.

....

....

....

....

....

....

....

....

Bravo ! Maintenant, tu maitrises la distinction entre a / à, *on* / *ont*.

CORRIGÉS P. 15 Guide parents

12 Orthographe

et/est, son/sont

Avec Inès et Hugo

La leçon

- **est et sont sont des formes du verbe être au présent :**
  *Il **est** long. Ils **sont** longs.*
- **et est un petit mot invariable :**
  *Grand **et** petit.*
- **son est un déterminant :**
  *C'est **son** stylo.*

On t'explique

Distinguer *et/est, son/sont*

- **Pour distinguer *et/est, son/sont***, demande-toi d'abord s'il s'agit du verbe *être* dans la phrase. Pour le savoir, conjugue-le à un autre temps :
  *Il **est** gros* ➜ *il **était** gros.* (verbe *être* à l'imparfait)
  *Ils **sont** gros* ➜ *ils **seront** gros.* (verbe *être* au futur)
- **Si tu reconnais le verbe *être* :**
  – choisis est ➜ *La lettre s'**est** perdue. (s'être perdu)*
  – choisis sont ➜ *Les lettres **sont** bien écrites. (être bien écrites)*
- **Si tu ne reconnais pas le verbe *être* :**
  – choisis et ➜ *J'ai ma gomme **et** mon stylo.*
  – choisis son ➜ *C'est **son** crayon.*

Spécial parents

- **En CE2, les enfants connaissent encore peu la classe des mots :** *et* est une conjonction de coordination (*mais, ou, et, donc, or, ni, car*), *son* est un déterminant possessif (*c'est son stylo : c'est le sien*). En revanche, ils connaissent bien le verbe *être*, autant s'en servir pour éviter les fautes.
- **Faites bien prononcer *et* et *est* qui se différencient à l'oreille :** *et* = é, *est* = è.

Entraine-toi !

1 * Souligne les formes du verbe *être*.

Les lettres sont postées et envoyées au tri postal. Là, elles sont triées grâce au code postal. Une lettre est rarement perdue : les facteurs sont toujours très vigilants et sérieux.

2 ** Réécris les phrases suivantes au présent.

a. Les timbres étaient décollés.

....

b. Ma carte postale sera très personnelle !

....

....

c. Quels seront leurs nouveaux numéros de téléphone ?

....

....

d. Ta lettre était très émouvante.

....

....

3 ** Complète avec *et* ou *est*.

a. Le colis .... à la loge .... ta lettre sur la table du salon.

b. Le jaune .... le bleu sont les couleurs de la poste : facile, elle .... en face !

c. Le paquet .... lourd .... encombrant.

d. Mon colis .... arrivé, ... le tien ? Où ....-il ?

4 ** Complète avec *son* ou *sont*.

a. Le facteur prend .... vélo, les sacoches .... déjà attachées.

b. Il ouvre .... parapluie pour protéger .... livre.

c. Les gens .... encore couchés alors que .... travail a déjà commencé.

d. À midi, il prend .... sandwich et .... café.

5 *** Complète avec *et, est, son, sont*.

Grand-père .... content : il a reçu .... cadeau par la poste. Il prend .... téléphone pour appeler ses enfants qui .... loin. .... petit-fils lui souhaite .... anniversaire. Grand-père le remercie .... lui promet de s'occuper de .... lapin quand ils seront en vacances.

EXO DÉFI Invente une phrase avec *et* et *est*, puis avec *son* et *sont*.

....

....

....

....

....

....

....

....

Bravo ! Maintenant, la différence entre *et / est* et *son / sont* n'a plus de secret pour toi.

CORRIGÉS P. 15 Guide parents

13 Orthographe

m devant m, b, p

Avec Inès et Hugo

Impossible ! Imbuvable ! Immangeable !
Que se passe-t-il ?
Beurk ! Ce menu me coupe l'appétit ! Allez, on s'en va !
Au moins, tu as révisé la règle du m devant m, b, p, impossible, imbuvable, immangeable.
Oui, mais j'ai toujours aussi faim !
MENU

La leçon

- **Devant les lettres** *m*, *b*, *p* :

(in) s'écrit *im*	***im**possible, **im**buvable, **im**mangeable*
(an) s'écrit *am*	***am**poule, **am**bulance*
(en) s'écrit *em*	***em**mener, **em**bêter, t**em**pête*
(on) s'écrit *om*	***om**bre, c**om**pter*

Attention ! Il y a des exceptions. Dans les mots suivants, le ***on*** ne change pas : *b**on**bon, b**on**bonne, emb**on**point, b**on**bonnière.*

On t'explique

Appliquer la règle du *m* devant *m, b, p*

- Pour appliquer la règle, repère la lettre placée après les sons **(in)**, **(an)**, **(en)** et **(on)** :
*im**p**oli* : il y a un ***p***, donc on applique la règle, **(in)** devient *im* ;
*in**c**royable* : il y a un **c**, donc *in* ne change pas.

Spécial parents

- **Faites avec votre enfant des petits jeux à l'oral :** proposez des mots comme *lampe, tente, timbre...* et demandez-lui si la règle s'applique ou non.
- Faites-lui **chercher le contraire** de *poli, connu, possible...*
- Proposez à votre enfant de **chercher dans le dictionnaire** le maximum de mots commençant par *em-*.

Entraine-toi !

1 * **Souligne les mots dans lesquels le *n* est devenu *m*.**

a. le tambour
b. emporter
c. un manteau
d. un pinceau
e. important
f. la remorque
g. un ongle
h. un nombre

2 ** **Complète avec *an* ou *am*.**

a. Je dois ch........ger l'........poule de la l........pe de ma ch........bre.
b. Je me suis fait mal à la j........be en tomb........t du tobogg........

3 ** **Complète avec *en* ou *em*.**

a. mettre en prison : ......prisonner
b. mettre dans un cadre : ......cadrer
c. mettre dans une barque : ......barquer
d. mettre dans le sable : ......sabler
e. mettre du poison : ......poisonner
f. mettre en tas : ......tasser

4 ** **Complète avec *on* ou *om*.**

a. Nous avons c........pté notre argent pour aller acheter des b........bons.
b. Les p........piers m........tent sur le toit de la mais........

5 *** **Écris le contraire des mots suivants en utilisant *in-* ou *im-*.**

a. possible : ....
b. parfait : ....
c. pair : ....
d. mobile : ....
e. utile : ....
f. certain : ....
g. complet : ....
h. patient : ....

6 *** **Trouve le verbe qui correspond à chaque définition.**

a. monter en haut d'une corde : ....
b. mettre en pile : ....
c. donner un baiser : ....
d. dormir sous la tente : ....
e. écrire de la musique : ....
f. faire quelque chose sans l'avoir préparé : ....

EXO DÉFI **Complète les mots.**

a. Mon bonnet a un p........pon.
b. C'est ....croyable !
c. Arrête de m'........bêter !
d. J'adore les p........plemousses !
e. L'........brelle protège du soleil.
f. La voiture est coincée dans un ....bouteillage.

Bravo ! Maintenant, tu sais appliquer la règle du *m* devant *m*, *b*, *p*.

CORRIGÉS P. 16 Guide parents

14

Orthographe

Le pluriel des noms et des adjectifs

Avec Inès et Hugo

Tiens, un petit pigeon !
Tiens, des petits pigeons !
Tiens, un nouveau journal !
Tiens, des nouveaux journaux !
Tu vois tout en double ? Ou tu fais exprès de me contrarier ?
Non, je révise le pluriel pour la dictée de demain !

La leçon

- **Le plus souvent, le pluriel des noms se marque par un** *-s* **ou un** *-x* **:**

un pigeon ➜ ***des*** *pigeon****s***
un manteau ➜ ***des*** *manteau****x***
une dictée ➜ ***des*** *dictée****s***

- **Le pluriel des adjectifs suit la même règle :**

un petit pigeon ➜ ***des*** *petit****s*** *pigeon****s***
un nouveau manteau ➜ ***des*** *nouveau****x*** *manteau****x***

- **Certains noms et adjectifs ne changent pas au pluriel** s'ils se finissent par :

– *-s* : *une souris* ➜ ***des*** *souris ; un tapis gris* ➜ ***des*** *tapis gris*
– *-x* : *une croix* ➜ ***des*** *croix ; un enfant joyeux* ➜ ***des*** *enfants joyeux*
– *-z* : *un nez* ➜ ***des*** *nez*

On t'explique

Écrire les marques du pluriel

- **Pour écrire le pluriel**, le plus souvent, ajoute un *-s* : *des petit****s*** *pigeon****s***.
- **Quand le mot se termine par *-eau***, ajoute un *-x* : *des nouveau****x*** *drapeau****x***.
- **Quand le mot se termine par *-al***, écris le plus souvent *-aux* : *un journ****al*** ➜ ***des*** *journ****aux***.

Attention ! Il existe des exceptions, pour certains mots se finissant :

– par *-al* : *des bals, des carnavals, des festivals, des chacals* ;
– par *-ail* : *des vitraux, des travaux* ;
– par *-ou* : *des choux, des bijoux, des cailloux, des genoux, des hiboux, des poux, des joujoux* ;
– par *-eu* : *des bleus, des pneus.*

Spécial parents

- **L'enfant oublie les marques du pluriel** car, le plus souvent, elles ne s'entendent pas.

Entraine-toi !

1 * Souligne les noms écrits au pluriel.

Il est six heures du matin. Dans les rues, les balayeurs travaillent, les commerçants du marché déballent leurs marchandises, quelques voitures roulent doucement, les livreurs de journaux déchargent leur camionnette. Ma voisine secoue son tapis. Il est temps de me lever.

2 ** Écris au pluriel.

a. un gros gâteau

....

b. une botte de radis

....

c. un délicieux poisson

....

d. un beau corail

....

3 ** Écris les mots suivants au pluriel, en les classant.

gris – chapeau – vendeur – gaz – ciseau – déjeuner – rail

a. ne changent pas :

....

b. prennent un ***-s*** :

....

c. prennent un ***-x*** :

....

4 * Écris ces groupes de mots au pluriel.**

a. son travail laborieux

....

b. un adieu difficile

....

c. mon manteau original

....

5 * Dans chaque liste, barre le mot qui aura un pluriel différent.**

a. un cheveu – un bleu – un jeu

b. un fou – un clou – un bijou

c. un hôpital – un carnaval – métal

Mets au pluriel les groupes nominaux entre parenthèses.

a. J'ai (*un nouveau voisin*). ....

....

b. Ils m'ont fait (*un geste amical*) à travers (*le vitrail*). ....

....

c. Ils ont (*un animal bizarre*) : ce sont deux (*souris grise*). ....

....

....

d. Elles se promènent dans (*le tuyau*) de l'immeuble avec (*leur souriceau*).

....

....

Bravo ! Tu es devenu(e) incollable sur les marques du pluriel des noms et des adjectifs.

CORRIGÉS P. 16 Guide parents

15 Orthographe
Le féminin des noms et des adjectifs

Avec Inès et Hugo

Oh regarde cet ours noir !
Je crois que c'est une ourse noire !

Et ce gros lion !
Une grosse lionne plutôt !

Et là, une belle guenon !
Non, c'est un singe ! Tu confonds le féminin et le masculin. Tu vas les vexer !

La leçon

- **Le féminin des noms et des adjectifs** se marque le plus souvent par un *-e* :
  un ours noir ➜ *une ourse noire*
- Mais le féminin peut aussi s'écrire de **différentes façons** :
  un beau singe ➜ *une **belle guenon***

On t'explique

Écrire les marques du féminin

- **Pour écrire le féminin**, ajoute le plus souvent un -e.
- Dans certains cas, **fais bien attention à la fin du mot** qui se transforme quand tu l'écris au féminin :

un gros lion ➜ *une gros**se** lion**ne***
un loup agressif ➜ *une lou**ve** agressi**ve***
un vieux tigre ➜ *une vie**ille** tigre**sse***
un ouvrier fatigué ➜ *une ouvri**ère** fatigu**ée***
un fermier heureux ➜ *une fermi**ère** heureu**se***
un nouveau directeur ➜ *une nouve**lle** direct**rice***

- **Méfie-toi des noms d'animaux**, le féminin est souvent très différent du masculin :
  un cheval ➜ *une **jument***

Utilise le dictionnaire si tu as un doute.

- Dans d'autres cas, tu n'as rien à transformer :
  un interprète timide ➜ *une interprète timide*

Spécial parents

- **Les marques du féminin ont de nombreuses formes :** dans les cas les plus simples (*un ami, une amie*), les oublis sont très fréquents car le *e* ne s'entend pas ; dans les autres cas – plus difficiles (*un aviateur / une aviatrice, frais / fraiche*) – l'oreille est une bonne conseillère et permet d'éviter certaines fautes.
- **Toutes les difficultés et exceptions** de noms et adjectifs au féminin seront vues au CM.

Entraine-toi !

1 * Souligne les mots qui ne changent pas au féminin comme au masculin.

a. solide	d. fragile	g. rouge
b. méchant	e. sévère	h. neuf
c. joli	f. fatigué	i. gentil

2 * Écris F si le mot est au féminin.

a. sec : ....
b. musée : ....
c. légère : ....
d. cruel : ....
e. heureuse : ....
f. invitée : ....
g. anglaise : ....
h. jolie : ....
i. mauvaise : ....
j. amie : ....

3 ** Écris au féminin.

a. un invité poli : ....
b. le rusé renard : ....
c. mon chien noir : ....

4 * Relie le mâle à sa femelle.**

a. un cheval •	• une brebis
b. un taureau •	• une vache
c. un porc •	• une biche
d. un cerf •	• une truie
e. un mouton •	• une jument

5 * Écris au féminin les mots soulignés.**

Le gardien (..) du zoo surveille les spectateurs (..................................). Certains (..................................) photographient le lion endormi (..). Mais d'autres donnent à manger au jeune loup blanc (..).

6 * Écris le féminin de ces groupes de mots.**

a. le grand chameau immobile
....
....

b. un photographe amusé et étonné
....
....

c. ce vieux canard déplumé
....
....

d. un fabuleux décorateur
....
....

e. tes vifs et curieux petits chiens
....
....

EXO DÉFI Écris ces adjectifs au masculin.

a. lourde : ....
b. attentive : ....
c. vieille : ....
d. grise : ....
e. sévère : ....
f. fraiche : ....

Bravo ! Tu maitrises l'écriture des marques du féminin des noms et des adjectifs.

CORRIGÉS P. 16 Guide parents

16

Orthographe

Les accords dans le groupe nominal

Avec Inès et Hugo

Pour le mariage de tante Huguette, je mets mon costume bleu.

Très bien, mais avec des belles chaussettes bleues et une belle cravate bleue !
Pourquoi ?

C'est comme en grammaire, tout doit bien s'accorder !

La leçon

Fais bien attention à l'écrit, les accords ne s'entendent pas toujours : ***des** jolie**s** jupe**s** bleue**s***.

- **Un groupe nominal est un groupe de mots avec un nom :**

les belles chaussettes bleues (chaussettes → nom)

- Dans un groupe nominal, **le déterminant, le nom et l'adjectif s'accordent** en genre et en nombre :

une	*belle*	*cravate*	*bleue*	/	***des***	*belle**s***	*cravate**s***	*bleue**s***
déterminant	adjectif	nom	adjectif		dét.	adjectif	nom	adjectif

On t'explique

Effectuer les accords dans le groupe nominal

- Pour effectuer les accords dans le groupe nominal, **repère le déterminant, puis accorde** tout le groupe nominal avec ce déterminant :

une** bell**e** cravate bleu**e → *une* est féminin singulier, donc tout le groupe sera au féminin singulier.

des** beau**x** pantalon**s** bleu**s → *des* est devant un nom masculin pluriel, donc tout le groupe sera au masculin pluriel.

Spécial parents

- **L'accord du groupe nominal est une leçon essentielle et difficile.**
Pour éviter les fautes :
– en grammaire, il faut bien repérer la classe des mots (déterminant, adjectif, nom) ;
– en orthographe, il faut connaitre les différentes marques du pluriel et du féminin : *nouveau/nouvelle/nouveaux* (voir pp. 32-34).
- **Les déterminants sont nombreux et variés :** *le, la, ce, cette, ma, mon, une, quatre, certains, vos, notre...*

Entraine-toi !

1 * Écris tous les groupes nominaux que tu peux former. Tu as plusieurs possibilités.

des	joli	manteaux
nos	longs	jupes
ce	longues	pantalon

....

....

....

....

....

....

....

2 ** Complète les groupes nominaux avec le nom qui convient.

pieds – ventre – yeux – oreilles – nez

a. les .... plats

b. un .... crochu

c. des grandes .... décollées

d. son gros ....

e. vos grands .... verts

3 ** Choisis le déterminant qui convient.

cette – notre – aucune – tes

a. .... robe me plait beaucoup. Je la mettrai pour l'anniversaire de .... grand-mère.

b. Pourras-tu me prêter .... chaussures noires ? .... fille ne sera aussi belle que moi !

4 * Écris les groupes nominaux au pluriel.**

a. l'œil noir : ....

....

b. sa chaussette tricotée : ....

....

c. ce large chapeau : ....

....

d. ton vieux pull troué : ....

....

5 * Écris ces groupes nominaux au féminin en utilisant le mot entre parenthèses.**

a. un beau chemisier violet (*chemise*)

....

b. votre vieux tablier taché (*blouse*)

....

c. son grand foulard rouge (*écharpe*)

....

d. le short gris et court (*jupe*)

....

Complète avec des adjectifs de ton choix. N'oublie pas les accords.

Ses .... cheveux tombaient sur son visage .... Ses .... mains étaient nerveuses. Son regard .... nous transperçait. Seuls ses .... yeux .... paraissaient agréables.

Bravo ! Les accords dans le groupe nominal n'ont plus de secret pour toi.

CORRIGÉS P. 16 Guide parents

17 Orthographe

L'accord sujet/verbe

Avec Inès et Hugo

La leçon

Le verbe s'accorde toujours avec son sujet.

- **Il s'accorde** en nombre **:**
  – si le sujet est singulier, le verbe est au singulier : *Le garçon dort.*
  – si le sujet est pluriel, le verbe est au pluriel : ***Les** monstres dorm**ent**.*
- **Il s'accorde** en personne **:**
  ***je** dors, **tu** dors, **il** dort, **nous** dormons, **vous** dormez, **ils** dorment.*

On t'explique

Accorder le verbe avec son sujet

Pour accorder le verbe avec son sujet :

- **Identifie le verbe :**
  *Les enfants **dorment**.* (Le verbe est : *dormir*.)
- **Repère son sujet :**
  *Ce sont **les enfants** qui dorment.* (Le sujet est : *Les enfants*.)
- **Demande-toi si le sujet est au singulier ou au pluriel :**
  ***Les** enfant**s** dorment.* (Le sujet est au pluriel.)
- **Écris ensuite la bonne terminaison au verbe :**
  ***Les** enfant**s** dorm**ent** :* -*ent* est la marque du pluriel des verbes.

Attention ! Le verbe est au pluriel s'il y a plusieurs sujets au singulier :
*__Tina__ et __Alexis__ jou**ent** dans le jardin.*

Spécial parents

- **Cette leçon est la leçon clé du français, car elle regroupe toutes les difficultés :**
  – en grammaire (reconnaitre un verbe et son sujet),
  – en conjugaison (choisir la bonne terminaison),
  – en orthographe (accorder le verbe avec son sujet).

Entraine-toi !

1 * Encadre les sujets et souligne les verbes.

a. Le printemps arrive ! Les bourgeons éclosent et le soleil réchauffe la terre.

b. Nous allons planter la tente ! décide mon père.

c. Avec mes frères et sœurs, nous l'aidons à l'installer.

d. Mais de gros nuages arrivent et l'orage éclate !

2 * Relie les sujets à leur verbe.

Nicolas et Laura •	• dort dehors.
Son frère •	• sommes arrivés.
Nous •	• montent la tente.

3 ** Complète les terminaisons des verbes par *e* ou *ent*.

a. Mon père me réveill..... .

b. Le soleil se lèv..........., quelques lapins saut..........., les cigales commenc........... à chanter.

c. On se dirig........... vers la rivière avec notre matériel.

d. J'aim........... bien être seul avec mon père, il me racont........... des histoires.

e. Mes sœurs nous rejoign...........: elles nous apport........... des sandwichs.

f. Toute la famille retourn........... au campement avant le coucher du soleil.

4 * Accorde les verbes entre parenthèses au présent avec les sujets soulignés.**

Dans le camping, les enfants (*aller*) .... tout seuls à la plage. Les adultes (*préparer*) .... le repas ou (*commencer*) .... une partie de pétanque. Quand la cloche (*sonner*) ...., nous (*revenir*) .... pour manger. Après, nous (*faire*) .... une sieste à l'ombre.

5 * Écris les verbes entre parenthèses au présent.**

a. Mon cousin et moi (*construire*) .... une cabane.

b. Tante Lucie et sa fille (*se baigner*) .... dans la rivière.

c. Oncle Marcel et toi (*dormir*) .... tout le temps.

d. Tout le monde (*adorer*) .... ces vacances.

Mets les groupes sujets au pluriel et accorde les verbes.

a. La caravane roule doucement.

....

b. L'arbre nous fait de l'ombre.

....

c. Mon ami ramasse des coquillages.

....

d. Le chapeau s'envole.

....

Bravo ! Maintenant, tu sais accorder sans faute le verbe avec son sujet.

CORRIGÉS P. 16 Guide parents

18 Orthographe

La lettre finale muette

Avec Inès et Hugo

Qu'est-ce que tu fais ?

J'écoute des lettres muettes !
Muettes ? Ça ne doit pas être facile de les entendre !

Écoute, si je rallonge les mots : grand - grande, blond - blonde ...
Ah oui, ça marche.

La leçon

- **Certains mots se terminent par une lettre finale muette** :
  *un gran**d** garçon blon**d***
- On peut entendre une lettre finale muette en **rallongeant les mots** :
  *une gran**de** fille blon**de***

On t'explique

Connaitre la lettre finale muette

- **Pour connaitre la lettre finale muette d'un** adjectif, mets-le au féminin :
  *Il est gran**d**.* ➜ *Elle est gran**de**.*
  *Il est blon**d**.* ➜ *Elle est blon**de**.*
- **Pour connaitre la lettre finale muette d'un** nom, cherche le verbe correspondant ou un autre mot de la même famille :
  *le chan**t*** ➜ *je chan**te***
  *un toi**t*** ➜ *une toi**ture***
- **Beaucoup de mots invariables** se terminent par une lettre muette :
  *devan**t**, aussitô**t**, sou**s**, aprè**s**, dehor**s**...*

Il faut les connaitre par cœur !

Spécial parents

- **Le plus souvent, c'est le mot de base de la famille qui porte la lettre finale muette.** Grâce aux mots dérivés (mot formé à partir du radical), on peut entendre cette « lettre muette » : on lui rajoute alors un suffixe (syllabe ou lettre qui est rajoutée à la fin du mot) :
  *gran**d**/gran**de**, bor**d**/bor**dure*** (voir Les familles de mots, p. 14).
- **Pour enrichir son vocabulaire et son orthographe, proposez à votre enfant des devinettes :** annoncez un mot de base, il doit trouver la lettre muette finale :
  toit ➜ *toi**ture**...*

Entraine-toi !

1 * Entoure les mots qui ont une lettre finale muette.

sac – tas – lac – chef – clef – assis – fruit – bec – drap – début – gentil – bond

2 ** Écris les adjectifs au masculin.

a. gentille : ....
b. forte : ....
c. mauvaise : ....
d. violette : ....
e. blanche : ....
f. laide : ....

3 ** À partir de ces verbes, trouve le nom.

Exemple : *retarder* → *le retard*

a. chanter : ....
b. se reposer : ....
c. sauter : ....
d. bondir : ....
e. planter : ....

4 ** Écris le contraire de ces mots invariables.

a. sur : ....
b. dessus : ....
c. dedans : ....
d. avant : ....
e. jamais : ....
f. un peu : ....

5 ** Complète en t'aidant du mot entre parenthèses.

a. (*ranger*) L'orage arrive, mettez-vous vite en ....

b. (*draper*) Théo aime le camping, mais il préfère dormir dans de bons ....s.

c. (*outiller*) Heureusement que tu as pensé à prendre ta boite à ....s !

d. (*marchandise*) Ce .... se moque de nous, c'est trop cher !

6 * Trouve un mot de la même famille qui a une lettre finale muette.**

a. refuser : un ....
b. placarder : un ....
c. muette : il est ....
d. parfumer : un ....
e. tapisser : un ....
f. longueur : il est ....
g. profondeur : il est ....
h. galoper : un ....

Complète ces mots en rajoutant leur lettre finale.

a. un cam...
b. un galo...
c. il est tar...
d. un bor...
e. un ta...
f. un sor...

Bravo ! Tu es devenu(e) incollable sur les lettres finales muettes.

CORRIGÉS P. 17 Guide parents

19 Grammaire

Les classes de mots

Avec Inès et Hugo

Je cherche un pronom personnel sujet et un verbe.
«Tu es.»
Maintenant, je veux un déterminant, un nom et un adjectif.
«Tu es un enfant intelligent.»
Oh ! Merci.
Non, je te rassure, je t'aidais juste sur les classes de mots !

La leçon

- **Les mots ont tous une identité.**

Manger est un verbe. *Confiture* est un nom.

- **Certains mots changent**, ce sont les mots variables (*des confitures*).

D'autres ne changent jamais, ce sont les mots invariables (*donc*).

- **On range les mots par** classes **:**

Verbes	Noms	Déterminants	Adjectifs	Pronoms personnels sujets
manger courir écrire aller être	– **communs :** lait/chien – **propres :** Paris/Léon/ le mont Blanc	– **Articles définis :** le, la, les, l' – **Articles indéfinis :** un, une, des	joli grande sévère rouge	je tu il, elle, on nous vous ils, elles

On t'explique

Identifier la classe d'un mot

- **Pour identifier un mot, repère son rôle :**
  - Si c'est un verbe, il désigne une **action** ou un **état** : *il **dort**, il **est** intelligent.*
  - Si c'est un nom commun, il désigne une **chose**, une **personne**, un **animal** et il a toujours un **déterminant** : *un **professeur**.*
  - Si c'est un nom propre, il désigne une **chose unique** : *la tour **Eiffel**, **Léa**...*
  - Si c'est un déterminant, il accompagne les noms et précise leur **genre** et leur **nombre** : ***un** cahier, **des** cahiers.*
  - Si c'est un adjectif, il donne une **précision** : *un élève **sérieux**.*

Spécial parents

- **Ces cinq classes représentent les classes des mots variables.** Chaque classe comporte des « sous-classes » qui seront approfondies au cycle 3.

Entraine-toi !

1 * Classe les mots suivants dans le tableau.

école – lire – sévère – cahier – des – la – copier – haute

Noms	Verbes
Adjectifs	**Déterminants**

2 ** Dans ce texte, souligne 2 verbes en rouge, 2 noms communs en bleu et 1 pronom personnel sujet en vert. Entoure les noms propres.

Le maitre s'appelle M. Dufour: il n'est pas sévère. À côté de la classe, il y a une petite pièce qui sert aux travaux manuels. Julien adore prendre des grands pinceaux et du papier blanc.

3 * Indique à quelle classe appartiennent les mots soulignés.**

a. Avant d'aller à l'école, je mange trois tartines de chocolat. ....

b. Quand Julien peint, on dirait qu'il tartine sa feuille. ....

c. Un dessin est exposé sur le grand mur du préau. ....

d. Il travaille lentement mais surement !

....

4 * Entoure le mot qui pourrait remplacer ce qui est souligné.**

a. J'irai l'année prochaine en Angleterre avec ma classe.

voyage – loin – à l'étranger – nous

b. Nous traverserons en bateau le grand fleuve, la Tamise.

large – rivière – largeur – naviguer

c. Nous logerons chez une famille anglaise pendant tout le séjour.

maison – vous – grande – habiterons

5 * Relie les mots de même classe.**

la •	• vous
gris •	• partir
Marie •	• triste
tomber •	• Espagne
ils •	• un

EXO DÉFI **Indique la classe de ces mots.**

a. des: ....

b. sombre: ....

c. fleuve: ....

d. bouger: ....

e. ils: ....

Bravo ! Maintenant, tu connais les classes de mots.

20 Grammaire

Le groupe nominal

Avec Inès et Hugo

Oh !
Tu as un
chien ?
Oui, j'ai un
chien très
intelligent !

Et ça,
c'est ta tortue ?
Oui ! C'est
ma gentille
tortue.

Alors c'est à leur adorable
maitresse de ramasser
leurs saletés !

La leçon

- **Un groupe nominal est un groupe de mots qui se construit autour d'un nom :**
  *Un petit **animal** intelligent.*

Ici, le nom (*animal*) est complété par :
– un déterminant : *un* ;
– des adjectifs : *petit*, *intelligent*.

- **Le nom reste le chef du groupe :** c'est lui qui détermine si le groupe est au pluriel ou au singulier, au masculin ou au féminin.

On t'explique

Reconnaitre des déterminants et des adjectifs

- Les **déterminants** sont très nombreux, il y a :
  – les **articles définis** : *le*, *la*, *les*, *l'* ;
  – les **articles indéfinis** : *un*, *une*, *des* ;
  – et tous les autres : *cette*, *leur*, *ton*, *ma*, *votre*, *ses*...
- **Les adjectifs** apportent **des précisions sur le nom :** ils te permettent **d'enrichir ton écriture.**
  un animal ➜ *un **gentil** animal **domestique***
- **Les déterminants et les adjectifs s'accordent toujours en genre et en nombre avec le nom qu'ils accompagnent :**
  *des petites **bêtes** sauvages* (nom féminin pluriel)

Spécial parents

- **L'objectif de cette leçon est de permettre à votre enfant d'enrichir son vocabulaire et donc son expression écrite.** Pour éviter les fautes d'accords, se reporter à la leçon 16.
- **Un groupe nominal peut être également complété par un complément du nom** (un autre nom) : *le chien de ma voisine* ; **par un verbe ou une phrase :** *ce chien qui aboie souvent*... Ces expansions seront vues au cycle 3 et au collège.

Entraine-toi !

1 * Entoure les déterminants de ces groupes nominaux.

a. une grande maison
b. des animaux domestiques
c. cette cage petite et sale
d. nos chatons noirs
e. quatre chiots blancs
f. l'escargot de Bourgogne
g. leur doux pelage

2 * Souligne l'adjectif de chaque groupe nominal.

a. un large trottoir
b. une grande avenue
c. un immeuble blanc
d. des anciens palais
e. une place vide
f. vos petits appartements
g. une vaste demeure

3 ** Souligne les groupes nominaux de ce texte.

Dans le vieux zoo de la ville, les animaux sont dans des petites cages. Dans un nouveau zoo, ils seraient dans des grands enclos verdoyants. Des cabanes ouvertes et fraiches remplaceraient les vieux cabanons.

4 * Mets ces groupes nominaux au singulier.**

a. les abeilles travailleuses et fatiguées

....

b. les chats noirs et gris

....

c. des dangereux serpents à sonnette

....

d. des lapins roux et gourmands

....

5 * Réécris ces groupes nominaux avec les adjectifs proposés. Attention aux accords !**

a. des poissons (*rouge et blanc*)

....

b. une niche (*blanc et propre*)

....

c. les rats (*affamé et rapide*)

....

d. les perruches (*multicolore et bruyant*)

....

Écris deux groupes nominaux à partir de ces noms : l'un au singulier, l'autre au pluriel.

a. Perroquet
singulier : ....
....
pluriel : ....
....

b. Baleine
singulier : ....
....
pluriel : ....
....

Bravo ! Maintenant, l'identification du groupe nominal n'a plus de secret pour toi.

CORRIGÉS
P. 17
Guide parents

21

Grammaire

Les constituants de la phrase

Avec Inès et Hugo

Tu cherches quoi ?
Je cherche une maison.
Je peux avoir plus de précisions ?
Je cherche une maison jaune située au 9 rue des Sapins.
Ça y est ! On l'a trouvée.
C'est surtout grâce aux compléments !
9

La leçon

- Généralement, **une phrase est constituée d'un sujet et d'un verbe :**

  Les enfants (sujet) *cherchent* (verbe).

Attention ! Le verbe s'accorde toujours avec son sujet.

- La phrase peut être complétée par des groupes de mots qui **apportent des précisions** : on les appelle **les compléments.**

  Dans la ville (complément), *les enfants cherchent une rue* (complément).

On t'explique

Repérer les différents constituants de la phrase

- Une phrase peut avoir **plusieurs sujets :**

  Paul (sujet) *et Léa* (sujet) *cherchent* (verbe).

- Une phrase peut également avoir **plusieurs verbes :**

  Ils (sujet) *cherchent* (verbe) *mais ne trouvent* (verbe) *pas.*

- **Pour repérer les compléments, tu peux poser les questions :** ***quoi ? où ? quand ? comment ?***

  Le matin (quand ?), *les deux amis cherchent une maison* (quoi ?) *dans la rue* (où ?).

Spécial parents

- **Au CE2, on insiste sur la structure de la phrase simple.**
- La nature des différents compléments (compléments d'objet, compléments circonstanciels…) sera abordée au cycle 3.

Entraine-toi !

1 * Souligne les verbes de ces phrases.

a. Les cinémas ouvrent vers 10 heures.

b. Le facteur passera en fin de matinée.

c. Nous allons au théâtre ce soir.

d. Avec sa trottinette, il roule sur la chaussée.

e. La ville s'éteint et s'endort dans le brouillard.

2 * Relie le verbe à son sujet.

Vous •	• marches vite.
Tu •	• achètent un journal.
Ils •	• regardez le plan.
Elle •	• monte dans le bus.
Les rues •	• sont calmes.

3 ** Souligne les verbes et entoure les sujets.

a. Je suis en retard !

b. Le métro arrive et s'arrête sur le quai.

c. Un musicien chante dans les couloirs.

d. Marie et son frère changent de direction.

e. Tout à coup, elles se reconnaissent.

4 ** Souligne les compléments de ces phrases.

a. Le train file à travers la campagne.

b. Au marché, je m'achète une salade.

c. Mon téléphone glisse sous mon siège.

d. Je descends bientôt.

e. Sur le quai, j'aperçois ma tante.

5 *** Complète ces phrases avec des sujets. Attention aux accords !

a. .... roulent vite.

b. .... passe au vert.

c. .... fais ma valise.

d. .... descendons du car.

e. .... se promènent dans les allées.

6 *** Termine chaque phrase avec un verbe et un complément qui répond à la question.

a. *(où ?)*

La poussette ....

b. *(comment ?)*

Les vélos ....

c. *(à qui ?)*

La vieille dame ....

d. *(quand ?)*

Le taxi ....

Invente une phrase pour chaque modèle.

a. *sujet – verbe – complément (où ?)*

....

....

....

b. *sujet – sujet – verbe – verbe*

....

....

....

Bravo ! Maintenant, tu sais reconnaitre les différents constituants d'une phrase.

CORRIGÉS P. 17 Guide parents

Grammaire

Le verbe et son sujet

Avec Inès et Hugo

La leçon

- **La phrase est généralement constituée de deux groupes essentiels :** le sujet et le verbe.

Le cochon (sujet) *grogne.* (verbe)

- **Le verbe indique une action ou un état.** Pour bien écrire le verbe, il faut identifier son sujet.
- **Le sujet est celui qui fait l'action** ou celui dont on parle.

On t'explique

Identifier le sujet et le verbe

- **Pour identifier le verbe**, change le temps de la phrase :
  *La nuit, le cochon grogn**e**.* ➜ *La nuit, le cochon grogn**ait**.*

Le verbe est le seul mot de la phrase qui change.

- **Pour identifier le sujet**, utilise l'expression *C'est… qui* :
  Dans la cage, l'oiseau piaille. ➜ ***C'est** l'oiseau **qui** piaille.*

L'oiseau est le sujet du verbe *piaille*.

Attention ! Quelquefois le sujet est inversé : il est après le verbe.
*Tout à coup surgit **un rat** ! Que cherche-t-**il** ?*

Spécial parents

- **En grammaire, savoir identifier le verbe et son sujet est primordial** car la relation entre le sujet et son verbe implique des accords : *un oiseau chante* ➜ ***des** oiseaux chant**ent*** (voir p. 38).
- **Un sujet peut être de classe différente :**
  – un pronom personnel sujet (***il** mange*) ;
  – un groupe nominal (***le petit chien** mange*) ;
  – un verbe (***grignoter** n'est pas bon*).

Entraine-toi !

1 * Complète les phrases avec :
La grenouille – Les cochons – Le corbeau – Les oiseaux.

a. .... vole au-dessus des champs.

b. .... adorent les bains de boue.

c. .... chante au bord de l'étang.

d. .... chantent quand la nuit tombe.

2 ** Souligne le ou les verbes de chaque phrase.

a. Tôt le matin, les lapins courent dans les hautes herbes.

b. Le coq nous réveille dès l'aube.

c. La poule regroupe ses poussins et cherche des graines.

d. Les chevaux s'agitent dans l'écurie.

3 * Indique si le mot souligné est un verbe (V) ou un nom (N).**

a. Le travail (.....) de fermier n'est pas toujours facile : il travaille (.....) tous les jours.

b. Le chien groupe (.....) les moutons, mais un petit groupe (.....) s'est égaré.

c. Le matin, j'adore les tartines (.....) quand tu me les tartines (.....) de beurre et de confiture !

d. Il marche (.....) accompagné de son chien. Arrivé au sommet, il se repose de sa marche (.....).

e. Cours (.....) vite ! Tu vas rater ton cours (.....) de guitare !

4 * Entoure, dans chaque phrase, les verbes et souligne leur sujet.**

a. La cane glisse sur le lac, ses canetons la suivent en file indienne.

b. Où est le taureau ? Il était dans ce champ.

c. Dans l'étable, près de sa mère, dort le veau.

d. Tout le village a assisté à sa naissance.

5 * Relie le pronom personnel sujet au verbe.**

Tu •	• nettoie la paille des moutons.
Ils •	• rangent les outils dans la remise.
Il •	• rentres les vaches à l'étable.

Complète ce texte avec les verbes suivants et accorde-les avec leur sujet.

cancaner – surveiller – bouger – dormir – picorer – suivre – se reposer

a. Dans la basse-cour, les poules .... avec leurs poussins qui les .... partout.

b. Les oies .... en se dandinant.

c. Le coq .... tout ce petit monde.

d. Seul le chien ne .... pas : il .... à l'ombre.

e. La chatte et ses chatons .... aussi dans la chaleur de la ferme.

Bravo ! Tu es devenu(e) incollable sur le verbe et son sujet.

CORRIGÉS P. 17
Guide parents

23

Grammaire

Les types de phrases

Avec Inès et Hugo

Où es-tu ?
...

Est-ce que tu es là ?
...

Tu vas me répondre !
Ouh là... Tu vas te calmer avec tes interrogations !
SORTIE

La leçon

- Une phrase a toujours **un sens et une ponctuation.**
- Il existe 3 types de phrases :

– **La phrase déclarative** pour **raconter.**
Je me suis perdu.

– **La phrase interrogative** pour poser **une question.**
Où es-tu ?

– **La phrase impérative** pour donner **un ordre** ou **un conseil.**
Tu vas me répondre !

On t'explique

Bien utiliser la ponctuation

- Pour bien écrire des phrases, tu vas utiliser une **ponctuation différente :**
  – **La phrase déclarative** s'écrit avec **un point (.).**
  – **La phrase interrogative** s'écrit avec un **point d'interrogation (?).**
  – **La phrase impérative** s'écrit avec **un point (.)** ou **un point d'exclamation (!).**
- **Pour écrire ce que dit quelqu'un,** tu vas utiliser **des guillemets (« »)** ou **des tirets (–).**
  Léa dit : « Pas de souci, je connais le chemin. »
  – Pas de souci, je connais le chemin, dit Léa.

Spécial parents

- **Les formes de la phrase interrogative peuvent être différentes.** Incitez votre enfant à les utiliser toutes, car il a tendance à ne garder que la plus simple : *Tu es là ?* plutôt que *Es-tu là ?* **Attention,** si le sujet est un groupe nominal, il faut rajouter un pronom : ***Les enfants** sont-**ils** perdus ?*

Entraine-toi !

1 * Compte le nombre de phrases de ce texte.

« Écoute-moi bien ! Tous les dimanches, j'allais à la piscine avec mon père.

– Même en plein hiver ?

– Oui, même en plein hiver.

– Le plus chouette, c'est qu'après on allait boire un chocolat chaud. »

Il y a .... phrases.

2 * Associe les phrases à ce qu'elles veulent dire.

1. Tous les matins, les joueurs s'échauffent.
2. Sortez de là !
3. Mais où sont-ils ?

a. *Elle donne un ordre :* ....

b. *Elle pose une question :* ....

c. *Elle raconte :* ....

3 ** Place la ponctuation qui manque aux phrases (. ! ?)

a. Dépêchez-vous.....

b. Les joueurs entrent sur le terrain.....

c. Pourquoi l'arbitre siffle-t-il.....

d. Va nous chercher des boissons chaudes.....

e. Les supporteurs chantent fort.....

4 * Transforme ces phrases comme dans l'exemple.**

Exemple : *Vous levez les mains bien haut.*

➜ *Levez les mains bien haut !*

a. Vous touchez le sol avec vos mains.

....

b. Vous faites deux tours de stade.

....

....

c. Vous courez les genoux levés.

....

....

5 * Pose les questions suivantes avec une autre forme interrogative.**

Exemple : *Vous êtes prêts ?* ➜ *Êtes-vous prêts ?*

a. Nous sommes les premiers ?

....

b. Ils donnent le coup d'envoi ?

....

c. Tu es fatigué ?

....

Complète les phrases suivantes avec :

Tout le monde est là. – Êtes-vous prêts ? – Le stade est immense. – Commençons le match !

a. L'entraineur demande : « ....»

b. Le joueur répond : « ....»

c. L'équipe remarque : « ....»

d. Le gardien ordonne : « ....»

Bravo ! Tu sais identifier les différents types de phrases.

CORRIGÉS P. 18 Guide parents

24

Grammaire

Les formes de phrases

Avec Inès et Hugo

Je n'aime pas les bonbons !
Je n'aime pas regarder la télévison !
Je ne joue jamais !
Finalement, je n'aime rien !
Ce que tu peux être négatif avec tes phrases négatives !

La leçon

Il existe différentes formes de phrases :

- La forme affirmative :
  Je veux jouer. → ***Oui**, je veux jouer.*
- La forme négative :
  *Je **ne** veux **pas** jouer.*
  *Je **ne** veux **plus** jouer.*
  *Je **ne** joue **jamais**.*
  *Je **n'**aime **rien**.*
  → ***Non,** je ne veux pas jouer.*
- La forme exclamative, qui s'écrit avec un **point d'exclamation (!)** : elle exprime souvent un **sentiment** (colère, joie, surprise…).
  Tu es un mauvais joueur !

Une phrase peut être négative et exclamative : *Tu **n'**aimes **jamais** rien !*

On t'explique

Écrire la négation

- **Dans une phrase négative**, n'oublie pas d'employer **toujours deux mots,** avant et après le verbe :

  ne + verbe + *pas/rien/personne/plus/jamais…*

  Si le verbe est **à l'infinitif, écris *ne pas* devant le verbe :**
  rejouer → ***ne pas** rejouer.*
- **Chaque type de phrase peut s'écrire à la forme négative :**
  – Phrase **déclarative** : *Je **n'**aime **pas** les bonbons.*
  – Phrase **interrogative** : *Pourquoi **n'**aimes-tu **pas** les bonbons ?*
  – Phrase **impérative** : ***Ne** me coupe **pas** la parole !*

Spécial parents

- **Le langage écrit est beaucoup plus exigeant que le langage oral :** votre enfant doit apprendre à respecter la ponctuation et à écrire les négations. À l'oral, il est très fréquent d'oublier le *n'*, on le tolère : *J'ai pas faim !* À l'écrit, il faut le mettre impérativement.

Entraine-toi !

1 * Indique si ces phrases sont exclamatives (E) ou négatives (N) ou les deux (EN).

a. Je ne veux pas jouer avec toi ! ....

b. Tu ne peux plus avancer ton pion. ....

c. Tu as encore gagné ! ....

d. Ce jeu n'est plus complet. ....

2 ** Écris ces phrases en commençant par *Oui*.

a. Non, je ne veux pas arrêter de jouer.

....

b. Non, elle n'a pas le droit !

....

c. Non, mes amis ne viennent pas.

....

3 * Attribue la bonne réponse à chaque question.**

a. A-t-il tout rangé ?

b. Peut-elle encore rejouer ?

c. Gagne-t-il souvent ?

d. Joue-t-elle aux échecs ?

- ☐ Elle ne joue pas aux échecs.
- ☐ Elle ne peut plus rejouer.
- ☐ Il n'a rien rangé.
- ☐ Il ne gagne jamais !

4 * Écris ces phrases à la forme négative.**

a. Luc aime beaucoup jouer aux cartes.

....

....

b. Il se dispute avec sa sœur.

....

....

c. On a le droit de relancer les dés.

....

....

d. Avancer jusqu'à la case « départ ».

....

....

5 * Écris le contraire des phrases suivantes.**

a. Rejouer sur la case rouge.

....

b. Reculer jusqu'à la case 31.

....

c. Lancer trois fois le dé.

....

Amuse-toi à lire ces phrases à voix haute.

- *C'est la fin du jeu.*
- *C'est la fin du jeu ?*
- *C'est la fin du jeu !*

À ton tour, écris une phrase avec ces 3 ponctuations différentes. Lis-les à voix haute et fais-les deviner à quelqu'un.

a. ....

b. ....

c. ....

Bravo ! Maintenant, les formes de phrases n'ont plus de secret pour toi.

25 Conjugaison

L'infinitif des verbes

Avec Inès et Hugo

3 300 verbes à conjuguer ? Mais on ne va jamais y arriver !
Mais si ! Rassure-toi, on les classe par groupes et après on en apprend juste quelques-uns.

La leçon

- **L'infinitif est le nom du verbe :** *ils chantent* ➜ infinitif : *chanter*.
- Il se compose **d'un radical** *chant* et d'une **terminaison** *-er*.
- **On classe les verbes** en trois groupes de conjugaison.

Il y a des verbes en *-ir* dans les verbes irréguliers : *partir, dormir...*

Verbes du 1er groupe (en *-er*)	Verbes du 2e groupe (en *-ir*)	Verbes irréguliers du 3e groupe (tous les autres verbes)
aimer, chanter, plier...	*finir, applaudir, rougir...*	*vouloir, prendre, dire, faire...*

Attention ! *Aller* se termine en *-er*, mais il appartient au 3e groupe.

- *Être* et *avoir* sont des verbes auxilliaires.
- **On conjugue les verbes en utilisant 6 pronoms personnels sujets** :
  je – tu – il, elle, on – nous – vous – ils, elles

On t'explique

Trouver l'infinitif d'un verbe et son groupe

- **Pour trouver l'infinitif d'un verbe**, utilise l'expression : *il faut...*
  ils dorment (verbe conjugué) ➜ *il faut dormir* (verbe à l'infinitif)
- **Pour conjuguer les verbes sans faute**, il suffit de trouver un verbe « modèle » :
  – comme *chanter* pour les verbes du 1er groupe ;
  – comme *finir* pour les verbes du 2e groupe.

  En revanche, les autres verbes sont différents : il faut s'aider de tableaux de conjugaison.

Spécial parents

- **Il est important de bien repérer l'infinitif d'un verbe pour pouvoir le conjuguer** selon les règles de son groupe.
- Les verbes du 2e groupe (en *-ir)* comme *finir* seront étudiés au cycle 3.
- Attention, les verbes irréguliers du 3e groupe ont des formes très différentes.

Entraine-toi !

1 * Souligne tous les verbes à l'infinitif de ce texte.

Louisa aimait le regarder peindre : d'abord il choisissait son pinceau. Il le laissait un peu tremper dans l'eau avant de le mélanger à la peinture. Il prenait une toile et commençait à dessiner.

2 * Relie chaque verbe conjugué à son infinitif.

a. ils disent •	• voir
b. vous voyez •	• venir
c. elles prennent •	• faire
d. tu faisais •	• prendre
e. je viens •	• dire

3 ** Relie les verbes qui se conjuguent de la même façon.

dessiner •	• vouloir
pouvoir •	• travailler
finir •	• noircir

4 ** Indique l'infinitif de chaque verbe.

a. nous allons : ....
b. il prend : ....
c. je tiens : ....
d. ils s'ennuient : ....
e. je lis : ....
f. ils applaudissent : ....
g. il joue : ....

5 * Souligne les verbes de ces phrases et écris leur infinitif. Entoure leur radical en rouge.**

a. Le peintre pose son chevalet et s'installe.

....

b. Il observe le paysage et choisit la meilleure vue. ....

c. Il sort sa palette et nettoie ses pinceaux.

....

6 * Trouve deux verbes qui se conjuguent de la même manière.**

a. tomber : ....
b. choisir : ....
c. prendre : ....

Écris l'infinitif des verbes soulignés.

a. Le vieux maitre chinois utilisait toujours de l'encre noire.

....

b. Sa servante lui aplatissait son papier.

....

c. Son neveu lui faisait du thé.

....

d. Tous les soirs se répétait la même cérémonie.

....

Bravo ! Maintenant, tu sais identifier et classer un verbe.

CORRIGÉS P. 18 Guide parents

26

Conjugaison

Le présent des verbes du 1er groupe

Je crie, je hurle, je chuchote, je grogne, je souffle...
Tu fais du théâtre ?
Non, je conjugue au présent des verbes du 1er groupe.
Oh j'aime, j'adore, j'en tremble...
Vraiment ?
Pas du tout ! je cherche aussi des verbes du 1er groupe !

La leçon

Réfère-toi aux tableaux de conjugaison p. 30 des corrigés.

- **Au présent, les** verbes du 1er groupe **ont toujours les** mêmes terminaisons.

je chant-e	nous chant-ons
tu chant-es	vous chant-ez
il, elle, on chant-e	ils, elles chant-ent

On t'explique

Conjuguer au présent les verbes du 1er groupe

- **Certains verbes posent des problèmes d'orthographe :**

– Les verbes comme ***crier***, car on n'entend pas la terminaison :
*je cri-**e**, tu cri-**es**, il cri-**e**, elles cri-**ent***

– Les verbes comme ***nager*** ou ***avancer*** :
*nous nag**eo**ns, nous avan**ç**ons*

– Les verbes comme ***payer*** :
*je paie, tu paies, nous pa**y**ons, vous pa**y**ez*

– Les verbes ***appeler*** et ***jeter*** :
*j'appe**ll**e, tu appe**ll**es, il appe**ll**e, nous appe**l**ons, vous appe**l**ez, ils appe**ll**ent*
*je je**tt**e, tu je**tt**es, il je**tt**e, nous je**t**ons, vous je**t**ez, elles je**tt**ent*

Spécial parents

- **Un verbe a un radical et une terminaison :** (radical) *chant/er* (terminaison).
- Apprendre à conjuguer un verbe au présent, c'est connaitre les 6 terminaisons du présent. Pour les verbes du 1er groupe, ce n'est pas difficile, mais attention aux fautes d'orthographe dans les cas suivants : *nous avançons (avancer), nous nageons (nager), il s'ennuie (ennuyer), il appelle (appeler)*. Les meilleurs outils en cas de doute sont les tableaux de conjugaison.

Entraine-toi !

1 * Coche les phrases qui sont au présent.

a. ☐ Les spectateurs s'installaient sur les gradins.

b. ☐ Le spectacle commence, les trompettes sonnent.

c. ☐ Le roi de la fête arrivera bientôt.

d. ☐ Nous crions de joie.

e. ☐ À l'entracte, on écoute une chorale.

2 * Relie le pronom personnel sujet au verbe qui correspond.

ils •	• relie
vous •	• jetons
tu •	• jettes
on •	• appelle
j' •	• relient
nous •	• tombez

3 ** Conjugue ces verbes au présent.

a. *(préparer)* Vous vous .... dans votre loge.

b. *(fabriquer)* Les menuisiers .... des nouveaux décors.

c. *(réciter)* Les actrices .... leur texte.

d. *(rentrer)* Nous .... à la nuit tombée.

e. *(éclairer)* Les lampes .... la scène.

4 ** Reproduis et complète le tableau au présent.

	observer	danser	dresser
nous	....	....	....
tu	....	....	....
ils	....	....	....
on	....	....	....

5 *** Conjugue ces verbes à la 1re personne du pluriel. Attention à l'orthographe.

a. j'avance : ....

b. je trace : ....

c. je mange : ....

d. je change : ....

e. je paie : ....

f. j'essaie : ....

EXO DÉFI Complète avec les verbes qui conviennent.

crier – penser – ranger – appeler

a. À quoi ....-tu ? Tu as l'air triste.

b. Pourquoi ....-vous ? Il n'y a pas de danger.

c. Où ....-nous tes nouveaux costumes ?

d. Comment s'..........................-t-elle ? Je n'ai jamais vu cette danseuse ici.

Bravo ! Tu es devenu(e) incollable sur le présent des verbes du 1er groupe.

CORRIGÉS P. 18 Guide parents

27 Conjugaison

Le présent des verbes irréguliers du 3e groupe et *être* et *avoir*

Avec Inès et Hugo

Je veux, j'ai, je suis, je pars, je fais, je prends... Mais ça change tout le temps !
Pourquoi crois-tu qu'on a inventé les tableaux de conjugaison? Parce que ces verbes sont irréguliers !

Ah bon ! Alors il faut les apprendre par cœur ?
Gagné ! Allez, au travail !

La leçon

- **Certains verbes ont un radical qui change et des terminaisons différentes.**

Avoir	j'ai, tu as, il a, nous avons, vous avez, ils ont
Être	je suis, tu es, il est, nous sommes, vous êtes, ils sont
Aller	je vais, tu vas, il va, nous allons, vous allez, ils vont
Prendre	je prends, tu prends, il prend, nous prenons, vous prenez, ils prennent
Pouvoir	je peux, tu peux, il peut, nous pouvons, vous pouvez, ils peuvent
Venir	je viens, tu viens, il vient, nous venons, vous venez, ils viennent
Voir	je vois, tu vois, il voit, nous voyons, vous voyez, ils voient
Vouloir	je veux, tu veux, il veut, nous voulons, vous voulez, ils veulent
Faire	je fais, tu fais, il fait, nous faisons, vous faites, ils font
Dire	je dis, tu dis, il dit, nous disons, vous dites, ils disent

On t'explique

Conjuguer au présent les verbes irréguliers du 3e groupe

- **Tu dois connaitre certains verbes par cœur.**
- Apprends-les à voix haute, tu les retiendras mieux : *vous faites, ils prennent, nous voyons...*
- Pour les autres verbes, réfère-toi aux tableaux de conjugaison (p. 30 des corrigés).

Spécial parents

- **Au CE2, votre enfant apprend la conjugaison de *être* et *avoir* et de 8 verbes irréguliers du 3e groupe :** *aller, venir, voir, vouloir, dire, faire, prendre, pouvoir.*
- **Ces verbes sont irréguliers**, car non seulement ils n'ont pas toujours tous la même terminaison, mais leur radical change aussi :
aller ➜ *je vais, nous allons, ils vont...*

Entraine-toi !

1 * Entoure les verbes qui ne se conjuguent pas comme *chanter*.

geler – aller – dormir – tomber – venir – jouer – pouvoir – vouloir – apprendre

2 ** Conjugue *être* et *voir* au présent.

	être	voir
je	....	....
tu	....	....
il, elle	....	....
nous	....	....
vous	....	....
ils, elles	....	....

3 ** Écris l'infinitif de ces verbes.

a. tu as : ....

b. nous sommes : ....

c. ils viennent : ....

d. vous faites : ....

e. il va : ....

f. tu peux : ....

4 * Complète ces phrases avec *être* ou *avoir*.**

a. Ils .... peut-être froid car ils .... tout tremblants.

b. Vous .... un vêtement chaud ? Je .... gelée !

c. Nous .... un chalet : il .... au bord des pistes.

d. Tu .... une leçon de ski ce matin ?

Non, j'........... mal au dos !

5 * Conjugue au présent.**

a. Faire de la luge et aller vite
(2e *pers. du pluriel*)

....

....

b. Prendre un chocolat et repartir sur les pistes
(3e *pers. du pluriel*)

....

....

c. Être au sommet et revenir en télésiège
(3e *pers. du singulier*)

....

....

d. Tenir ses bâtons et vouloir sauter
(1re *pers. du pluriel*)

....

....

e. Boire un chocolat chaud et aller se coucher
(2e *pers. du singulier*)

....

....

EXO DÉFI Complète avec les verbes au présent.

Marie (*sortir*) .... de la pièce. Quand elle (*revenir*) ...., elle (*tenir*) .... une carte dans ses mains.

« (*savoir*) .... -tu où l'on (*être*) .... ?

– Dans la neige », (*dire*) .... -je.

« Nous (*être*) .... là. »

D'après *La Fenêtre de neige*, N. Brun-Cosme, © Nathan.

Bravo ! Tu maitrises la conjugaison des verbes irréguliers du 3e groupe et de *être* et *avoir*.

CORRIGÉS P. 18 Guide parents

28 Conjugaison

Le futur

Que **feras**-tu plus tard ? Comment **sera** ta maison ? Où **iras**-tu en vacances ? **Viendras**-tu me voir ?
Tu fais une enquête ?

Non, je révise le **futur**.
Je préfère ! Parce que je n'aime pas qu'on s'occupe de mes affaires.
Mon pauvre... Déjà que tu ne m'intéresses pas au présent, alors au futur...

La leçon

Au futur, les terminaisons sont les mêmes pour tous les verbes :

je	-ai	nous	-ons
tu	-as	vous	-ez
il, elle, on	-a	ils, elles	-ont

Ne confonds pas *nous -ons* et *ils -ont*.

Verbes du 1er groupe	*Être* et *avoir*		Verbes irréguliers du 3e groupe
je chanterai	je serai	j' aurai	je prendrai (*prendre*)
tu chanteras	tu seras	tu auras	tu iras (*aller*)
il chantera	il sera	il aura	il pourra (*pouvoir*)
nous chanterons	nous serons	nous aurons	nous verrons (*voir*)
vous chanterez	vous serez	vous aurez	vous direz (*dire*)
ils chanteront	ils seront	ils auront	ils feront (*faire*)

On t'explique

Conjuguer au futur les verbes irréguliers du 3e groupe et *être* et *avoir*

Fais attention à la forme du verbe qui peut changer :
voir ➜ *tu* ***verras*** ; *faire* ➜ *il* ***fera*** ; *venir* ➜ *ils* ***viendront*** ; *vouloir* ➜ *je* ***voudrai***
être ➜ *nous* ***serons*** ; *avoir* ➜ *ils* ***auront***

Si tu as un doute, utilise les tableaux de conjugaison (p. 30 des corrigés).

Spécial parents

Le futur est un temps simple à apprendre. Seuls les verbes irréguliers du 3e groupe et *être* et *avoir* peuvent poser quelques problèmes car leur radical change. Pour tous les autres verbes, on ajoute la terminaison du futur au verbe à l'infinitif : *chanter + -a* ➜ *il chantera ; finir + -ont* ➜ *ils finiront...*

Entraine-toi !

1 * Souligne les verbes au futur.

Mon grand-père me disait : « Tu verras, quand tu seras grand-père à ton tour, les avions feront le tour du monde, les gens auront tous des téléphones et la télé sera toujours allumée. Ta mère commandera ses chaussures par téléphone et vous, les enfants, vous travaillerez avec des ordinateurs à l'école. »

Maintenant que je suis vieux, je me dis qu'il avait raison !

2 ** Retrouve l'infinitif de ces verbes.

a. j'aurai : ....

b. tu imagineras : ....

c. vous ferez : ....

d. il viendra : ....

e. nous dirons : ....

f. ils prendront : ....

3 ** Complète au futur.

	rêver	devenir	faire
je			
ils			

	aller	dire	vouloir
tu			
nous			

	voir	être	avoir
elle			
vous			

4 *** Conjugue ces verbes au futur.

a. Quand je (*être*) .... vieux, les enfants (*avoir*) .... des trottinettes à réaction.

b. Les parents (*faire*) .... des devoirs tous les soirs.

c. Ma sœur (*parler*) .... à la télévision.

d. Et moi, je (*voir*) .... tous les films d'aventures.

5 *** Mets ces phrases au futur.

a. Quand les vacances arrivent, nous allons à la mer.

....

....

b. Quand l'hiver s'installe, les oiseaux partent vers le sud.

....

....

c. Quand vous venez, les cerises sont toujours mures.

....

....

EXO DÉFI Écris cette recette à la 2e personne du pluriel au futur.

Gâteau aux abricots

Prendre de beaux abricots. Les couper en deux. Mélanger la farine et le beurre. Étaler la pâte dans un moule. Recouvrir la pâte d'abricots. Laisser cuire 30 minutes au four.

....

....

....

....

....

....

Bravo ! Maintenant, la conjugaison du futur n'a plus de secret pour toi.

CORRIGÉS P. 19 Guide parents

L'imparfait

Avec Inès et Hugo

Quand j'étais petit, je dormais bien, je riais souvent, et j'adorais jouer.
Je crois que tu pleurais souvent.
Mais non, j'étais parfait !
Non, je sais que tu étais imparfait !
Imparfait ! Elle est bien bonne !

La leçon

- **L'imparfait est un temps du passé.**

À l'imparfait, les terminaisons sont les mêmes pour tous les verbes :
je -ais, **tu** -ais, **il** -ait, **nous** -ions, **vous** -iez, **ils** -aient

Réfère-toi aux tableaux de conjugaison p. 30 des corrigés.

Verbes du 1er groupe		*Être* et *avoir*				Verbes irréguliers du 3e groupe	
je	chantais	j'	étais	j'	avais	je	prenais (*prendre*)
tu	chantais	tu	étais	tu	avais	tu	allais (*aller*)
il	chantait	il	était	il	avait	il	venait (*venir*)
nous	chantions	nous	étions	nous	avions	nous	voyions (*voir*)
vous	chantiez	vous	étiez	vous	aviez	vous	disiez (*dire*)
ils	chantaient	ils	étaient	ils	avaient	ils	faisaient (*faire*)

On t'explique

Conjuguer et employer les verbes à l'imparfait

- **Remplace les terminaisons du verbe** à l'infinitif par celles de l'imparfait :
  chanter → *tu chantais ; aller* → *j'allais ; pouvoir* → *je pouvais ; vouloir* → *je voulais*

Attention à l'écriture de certains verbes : *nous criions, nous voyions, il mangeait, il avançait...*

- **Emploie l'imparfait pour :**
  – **exprimer un passé lointain :** *Les seigneurs avaient des châteaux.*
  – **décrire :** *Les maisons étaient basses et sombres.*
  – **exprimer la durée :** *Il pleuvait depuis des semaines.*

Spécial parents

- En CM1, on insistera sur quelques difficultés orthographiques avec les verbes en *-ger, -cer... : il mangeait, tu avançais...*
- **L'imparfait est le temps des contes :** montrez la différence entre l'emploi de l'imparfait et celui du passé simple utilisé pour des actions soudaines et rapides.

Entraine-toi !

1 * Souligne les verbes conjugués à l'imparfait.

Il y a très longtemps de cela, vivait au royaume de Bretagne un homme étrange appelé Merlin. On l'appelait « l'Enchanteur » car il possédait des pouvoirs. Il savait le passé, prenait n'importe quelle apparence, il marchait sur l'eau, faisait apparaître un château... Bref, Merlin était un magicien. Il aimait beaucoup le roi Uter. Or un jour, le roi décida de se marier.

D'après *Contes et légendes des chevaliers de la Table ronde*, J. Mirande, © Nathan.

2 * Relie le pronom personnel sujet au verbe qui lui correspond.

je •	• tombait
il •	• fuyais
elles •	• attendions
vous •	• guettaient
nous •	• jouiez

3 ** Transforme ces phrases avec le pronom personnel sujet indiqué.

a. Je buvais un bol de lait et je partais à la chasse.

Il ....

....

b. Au village, nous préparions le banquet et nous faisions des bouquets.

Au village, vous ....

....

....

c. Elle raccommodait nos vieux vêtements et nous fabriquait des chapeaux de paille.

Elles ....

....

....

4 ** Retrouve l'infinitif des verbes soulignés.

a. Le roi trônait au milieu de la grande salle. ....

b. Les gardes ne bougeaient pas.

....

c. Seuls les troubadours faisaient vibrer leur luth. ....

5 *** Complète la terminaison des verbes à l'imparfait.

Nous construis............ une nouvelle tour. Les charpentiers découp............ les planches, les maçons prépar............ le mortier tandis que les tailleurs de pierre nettoy.......... la pierre blanche. Les travaux avan............ lentement.

EXO DÉFI Conjugue à l'imparfait.

a. je (*manger*) ....

b. ils (*dire*) ....

c. nous (*essayer*) ....

d. tu (*voir*) ....

e. vous (*crier*) ....

f. on (*être*) ....

Bravo ! Maintenant, tu sais conjuguer à l'imparfait.

CORRIGÉS P. 19 Guide parents

Le passé composé

Avec Inès et Hugo

Pourquoi ce temps s'appelle-t-il « passé composé » ?
Parce que c'est un temps du passé. En plus, il est composé de deux mots : J'ai gouté.

Donc le passé composé est composé de deux mots... Pas bête !
Qu'est-ce que tu crois ! Je suis meilleure que toi en conjugaison !

La leçon

Réfère-toi aux tableaux de conjugaison p. 30 des corrigés.

- **Le passé composé est un temps du passé.**
- **Il se construit avec deux verbes : le verbe *être* ou *avoir* au présent** et un **participe passé.**

venir au passé composé → *il **est venu*** *manger* au passé composé → *il **a mangé***

On t'explique

Choisir entre *être* et *avoir* et trouver le participe passé du verbe

- **Pour conjuguer un verbe au passé composé,** choisis le bon verbe, *être* ou *avoir* :
  il ***est*** (être) *tombé, il* ***a*** (avoir) *chuté, il* ***est*** (être) *parti, il* ***a*** (avoir) *fui...*
- Tu dois connaitre les **participes passés des verbes selon leur groupe** :

	Infinitif		**Participe passé**	
1er groupe	*chanter*		J'ai **chanté** → ***é***	
2e groupe	*finir*		J'ai **fini** → ***i***	
Verbes irréguliers du 3e groupe	*aller* *faire* *dire* *prendre*	*venir* *pouvoir* *vouloir* *voir*	Je suis **allé** → ***é*** J'ai **fait** → ***t*** J'ai **dit** → ***it*** J'ai **pris** → ***is***	Je suis **venu** → ***u*** J'ai **pu** → ***u*** J'ai **voulu** → ***u*** J'ai **vu** → ***u***
Être* et *avoir	*être*	*avoir*	J'ai **été** → ***é***	J'ai **eu** → ***u***

- **Avec *être***, n'oublie pas d'accorder le participe passé : *elles **sont** tombé**es***
- **Avec *avoir***, n'accorde jamais le participe passé avec son sujet : *elles **ont** mangé*

Spécial parents

- **Le passé composé est un temps complexe pour les enfants :** au CE2, on leur demande de savoir conjuguer quelques verbes. Ils doivent surtout savoir bien repérer leur construction en deux mots.

Entraine-toi !

1 * Entoure les verbes conjugués au passé composé.

tu as marché – il a eu peur – ils ont faim – elle est partie – je suis là – il a travaillé – nous sommes revenus – vous avez froid – elles sont allées

2 ** Classe ces verbes selon le verbe, *être* ou *avoir*, avec lequel ils se conjuguent.

grandir – pêcher – arrêter – venir – dire – arriver – partir – nager

a. avoir : ....

....

b. être : ....

....

3 ** Relie l'infinitif au verbe conjugué au passé composé.

dire •	• il a bu
voir •	• il a dit
faire •	• il a vu
boire •	• il a fait
prendre •	• il a eu
avoir •	• il a pris

4 * Écris ces verbes au passé composé.**

a. être malade : il ....

b. avoir peur : nous ....

c. venir au secours : vous ....

d. jeter l'ancre : tu ....

e. nager sous l'eau : elles ....

f. hisser les voiles : j' ....

g. boire de l'eau : on ....

h. manger du pain : tu ....

5 * Écris ces phrases avec leur nouveau sujet et accorde les participes passés.**

a. Il est passé par-dessus bord.

Elle ....

....

b. Il s'est accroché au canot de sauvetage.

Ils ....

....

c. Il a survécu et il a souri.

Elles ....

....

Transforme ces phrases au passé composé.

a. Le vent se lève et le ciel change de couleur. ....

....

....

b. Les vagues redoublent et l'écume se forme. ....

....

c. Le bateau tangue et se renverse. La tempête commence. ....

....

....

....

Bravo ! Tu es devenu(e) incollable sur la conjugaison du passé composé.

Bilan Lecture / Expression écrite

Identifier des documents et des écrits différents

1 Pour comprendre un texte, il faut :

a. ☐ le lire 10 fois.
b. ☐ repérer tous les verbes et les sujets.
c. ☐ repérer les personnages, les lieux, les évènements.

.... /1

2 Un texte documentaire :

a. ☐ donne des informations.
b. ☐ raconte une histoire imaginaire.
c. ☐ veut faire acheter quelque chose.

.... /1

3 Cette image est :

a. ☐ une photo.
b. ☐ une peinture.
c. ☐ un dessin.

.... /1

4 On reconnait un dialogue :

a. ☐ aux illustrations.
b. ☐ aux tirets.
c. ☐ aux parenthèses.

.... /1

Comprendre des textes

Lis les textes ci-dessous.

Le babouin

Il mange des plantes, des insectes, des lézards et stocke sa nourriture dans ses bajoues. Avec ses longues canines pointues, il intimide et peut infliger de graves blessures. C'est un animal fort et agressif.

Le gorille

Sûr de sa force, il se contente d'impressionner ses adversaires en se frappant la poitrine et en grognant. Ainsi, personne n'ose le déranger dans son nid de branches et de feuilles.

Le gibbon

Il se déplace bien plus vite dans les arbres que sur le sol où ses longs bras le gêneraient plutôt pour marcher.

5 De quels animaux parlent ces textes ?

a. ☐ De singes.
b. ☐ D'ours.
c. ☐ D'insectes.

.... /1

6 Ces textes sont écrits sous forme :

a. ☐ De poésies.
b. ☐ De recettes.
c. ☐ De descriptions.

.... /1

7 Quel singe a de longs bras ?

a. ☐ Le gorille.
b. ☐ Le babouin.
c. ☐ Le gibbon.

.... /1

8 Où vivent ces trois singes ?

a. ☐ Dans le désert.
b. ☐ Dans la forêt.
c. ☐ Dans un zoo.

.... /1

9 Écris le nom du singe sous sa photo.

a. ....   b. ....   c. ....

.... /1

10 Quels mots utiliserais-tu pour décrire le gorille ?

a. ☐ Petit, sympathique, câlin.
b. ☐ Effrayant, robuste, sauvage.
c. ☐ Amusant, agile, curieux.

.... /1

Bilan Vocabulaire

Utiliser le dictionnaire

1 Le dictionnaire peut t'indiquer la nature des mots.

a. ☐ Vrai.
b. ☐ Faux.

.... /1

2 Si je cherche le mot *griffe* et que j'ouvre mon dictionnaire à la lettre « e », je dois chercher :

a. ☐ Après.
b. ☐ Avant.

.... /1

3 Quel mot peut-on trouver après *trousse* dans le dictionnaire ?

a. ☐ Troubadour.
b. ☐ Trouille.
c. ☐ Trouver.

.... /1

Identifier les familles de mots

4 Quel mot appartient à la même famille que *fil* ?

a. ☐ Filet.
b. ☐ Fillette.
c. ☐ Film.

.... /1

Reconnaitre les différents sens d'un mot

5 Un mot peut avoir des sens différents.

a. ☐ Vrai.
b. ☐ Faux.

.... /1

6 Quel sens a le mot *note* dans cette phrase ?

Mon frère a payé la note.

a. ☐ Des notes de musique.
b. ☐ Une addition.
c. ☐ Un résumé.

.... /1

Des synonymes, des antonymes, des homonymes

7 **Le mot de sens contraire du mot *continuer* est :**

a. ☐ Aller.
b. ☐ Abandonner.
c. ☐ Perdre.

.... /1

8 **Quel mot est le synonyme du mot souligné dans la phrase ?**

J'ai toujours cet air dans la tête.

a. ☐ Ce vent.
b. ☐ Cette chanson.
c. ☐ Ce froid.

.... /1

9 **Quel est le mot qui correspond à cette définition ?**

Petit animal qui vit dans la terre.

a. ☐ Un verre.
b. ☐ Un vert.
c. ☐ Un ver.
d. ☐ Un vers.

.... /1

Connaitre les niveaux de langue

10 **De quel niveau de langue est cette phrase ?**

Quelle belle soirée !

a. ☐ Soutenu.
b. ☐ Familier.
c. ☐ Courant.

.... /1

TOTAL
.... /10

Écrire correctement les mots

1 Quel est le mot dans lequel tu entends « s » ?

a. ☐ Paisible.
b. ☐ Citron.
c. ☐ Cafard.

.... /1

2 Quel mot s'écrit avec *ss* ?

a. ☐ On a assez travaillé, on fait une pau...e.
b. ☐ Arrête de sucer ton pou...e !
c. ☐ Arrête de me pou...er !

.... /1

3 Quel mot a perdu son accent grave ?

a. ☐ Le fer.
b. ☐ Un frere.
c. ☐ Un frene.

.... /1

4 Dans quel mot doit-on écrire *em* ?

a. ☐ Il s'é......rve vite !
b. ☐ Il s'......porte vite !
c. ☐ Il se dét......d !

.... /1

5 Quelle est la lettre finale de ce mot ?

un sanglo...

a. ☐ d.
b. ☐ p.
c. ☐ t.

.... /1

6 Quel mot ne se termine pas par un *p* ?

a. ☐ Galo...
b. ☐ Siro...
c. ☐ Métro...

.... /1

Distinguer des homophones

7 **Quelle liste complète cette phrase ?**

Pierre ...... parti en colonie ...... ses cousins ...... restés ...... la campagne.

a. ☐ et – est – sont – a

b. ☐ est – et – son – à

c. ☐ est – et – sont – à

d. ☐ et – est – son – a

.... /1

Écrire le féminin et le pluriel

8 **Comment s'écrit *un joli petit chat noir* au féminin ?**

a. ☐ Une jolie petit chatte noire.

b. ☐ Une jolie petite chate noire.

c. ☐ Une jolie petite chatte noir.

d. ☐ Une jolie petite chatte noire.

.... /1

9 **Quel nom s'écrira avec un *x* au pluriel ?**

a. ☐ Un feu.

b. ☐ Un nez.

c. ☐ Un fou.

d. ☐ Un épouvantail.

.... /1

Accorder le verbe et son sujet

10 **Quel verbe doit-on choisir pour compléter cette phrase ?**

La neige et le vent .... de violence.

a. ☐ redoublais

b. ☐ redoublait

c. ☐ redoublaient

d. ☐ redoublons

.... /1

TOTAL
.... /10

Bilan Grammaire

Identifier les classes de mots

1 Combien comptes-tu de noms dans cette phrase ?

Le chef des Gaulois avançait dans la vaste plaine.

a. ☐ 2
b. ☐ 3
c. ☐ 4

.... /1

2 Un adjectif est un mot :

a. ☐ qui est toujours devant le nom.
b. ☐ qui donne des informations sur le verbe.
c. ☐ qui donne des informations sur le nom.

.... /1

3 Dans quelle classe rangerais-tu le mot « des » ?

a. ☐ Celle des noms.
b. ☐ Celles des pronoms personnels sujets.
c. ☐ Celle des déterminants.

.... /1

Identifier les constituants de la phrase

4 Quel est le sujet dans cette phrase ?

Dans l'arbre, le druide chantait en coupant du gui.

a. ☐ L'arbre.
b. ☐ Le druide.
c. ☐ Le gui.

.... /1

5 Dans quelle phrase le sujet est-il un pronom personnel sujet ?

a. ☐ Les Romains aimaient les jeux du cirque.
b. ☐ Ils ont envahi la Gaule.
c. ☐ Jules César était un empereur.

.... /1

6 Quel est le verbe de cette phrase ?

Les Gaulois adoraient se battre.

a. ☐ battre.
b. ☐ adoraient.

.... /1

7 Quel est le groupe complément de cette phrase ?

César et ses armées encerclaient la ville.

a. ☐ César
b. ☐ ses armées
c. ☐ la ville

.... /1

Reconnaitre des types et des formes de phrases

8 Quelle phrase est une phrase interrogative ?

a. ☐ Quel beau coucher de soleil !
b. ☐ Quel cartable as-tu acheté ?
c. ☐ Non, ils n'ont pas faim !
d. ☐ Paul a encore oublié sa bouée.

.... /1

9 Quel point écrirais-tu à la fin de cette phrase ?

Quel magnifique tableau tu as peint

a. ☐ Un point d'interrogation.
b. ☐ Un point.
c. ☐ Un point d'exclamation.

.... /1

10 Comment écrirais-tu cette phrase à la forme négative ?

Les Égyptiens construisent encore des pyramides.

a. ☐ Les Égyptiens ne construisent plus de pyramides.
b. ☐ Les Égyptiens ne construisent pas de pyramides.
c. ☐ Les Égyptiens ne construisent jamais de pyramides.
d. ☐ Les Égyptiens construisent toujours des pyramides.

.... /1

Bilan Conjugaison

Identifier des verbes

1 **Pour conjuguer les verbes du 1er groupe (en -*er*), on peut se servir d'un modèle.**

a. ☐ Vrai.
b. ☐ Faux.

.... /1

2 **Le verbe *aller* se conjugue comme *chanter*.**

a. ☐ Vrai.
b. ☐ Faux.

.... /1

Conjuguer des verbes

3 **Le verbe *faire* conjugué au présent à la 2e personne du pluriel, c'est :**

a. ☐ Nous faisons.
b. ☐ Vous faites.
c. ☐ Vous fêtez.
d. ☐ Vous ferez.

.... /1

4 **À quelle personne est conjugué le verbe *seront* ?**

a. ☐ 1re personne du singulier : je.
b. ☐ 3e personne du pluriel : ils.
c. ☐ 1re personne du pluriel : nous.

.... /1

5 **Quelle terminaison prend le verbe *relier* au présent, avec le pronom personnel sujet *tu* ?**

a. ☐ i.
b. ☐ ie.
c. ☐ ies.

.... /1

Reconnaitre les temps

6 **L'imparfait est un temps du passé.**

a. ☐ Vrai.

b. ☐ Faux.

.... /1

7 **Le passé composé est formé de deux mots.**

a. ☐ Vrai.

b. ☐ Faux.

.... /1

8 **Quel est le temps utilisé dans cette phrase ?**

J'ai eu peur et je me suis enfui.

a. ☐ Le passé composé.

b. ☐ Le présent.

c. ☐ L'imparfait.

.... /1

9 **Quelle phrase est écrite à l'imparfait ?**

a. ☐ Je connais la réponse, mais je ne sais pas l'écrire.

b. ☐ Je connaissais la réponse, mais je ne savais pas l'écrire.

c. ☐ Je connaitrai la réponse, mais je ne saurai pas l'écrire.

.... /1

10 **Quel est le participé passé du verbe *avoir* ?**

a. ☐ Eu.

b. ☐ Été.

c. ☐ Ai.

d. ☐ Ont.

.... /1

TOTAL
.... /10

Dénombrer et lire des nombres

Avec Inès et Hugo

La leçon

- **Les nombres s'écrivent avec des chiffres :** 0, 1, 2, 3, 4, 5, 6, 7, 8, 9.
- **Chaque chiffre a une valeur** selon sa position :

Ici, 3 est le chiffre des centaines, 63 est le nombre des centaines.

classe des mille			classe des unités		
centaines	dizaines	unités	centaines	dizaines	unités
		6	3	5	2

Chaque classe est un groupe de trois chiffres qui représentent chacun des **unités**, des **dizaines** ou des **centaines**. Ici, le chiffre **5** se lit **50**, le chiffre **6** se lit **6 000**.

On t'explique

Dénombrer des collections

- Pour compter rapidement, on **regroupe les éléments d'une collection par paquets** de **1, 10, 100, 1 000 :**

milliers	centaines	dizaines	unités
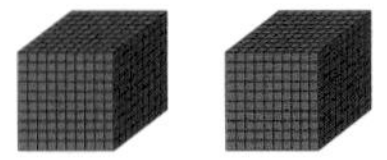	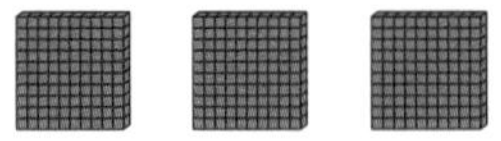	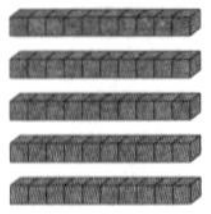	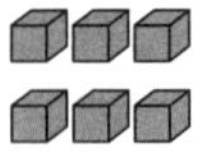
2	**3**	**5**	**6**

- Dans le nombre **2 356**, il y a : 2 milliers, 3 centaines, 5 dizaines et 6 unités = 2 000 + 300 + 50 + 6.

Spécial parents

- **Au CE2, l'apprentissage des nombres s'arrête à 9 999** pour une meilleure compréhension de notre système décimal. Si celui-ci est bien compris jusqu'à mille, les grands nombres ne poseront aucun problème.

Entraine-toi !

1 * **Écris la quantité de chaque collection.**

a. 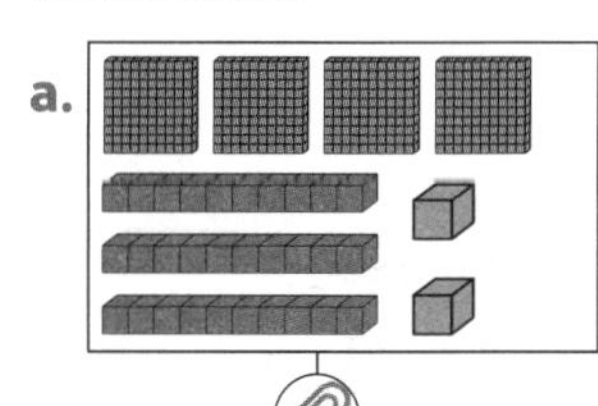

m	c	d	u

Il y a .... trombones.

b. 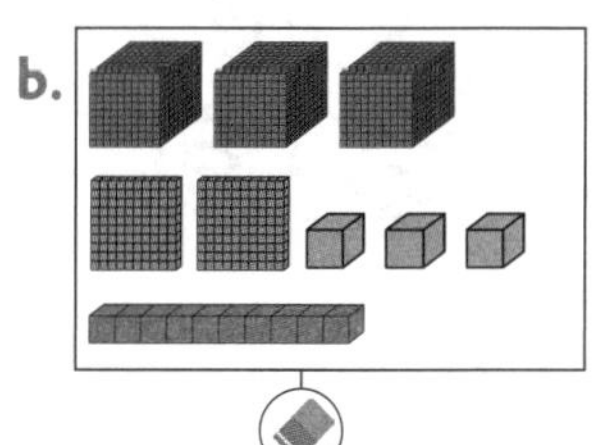

m	c	d	u

Il y a .... gommes.

c. 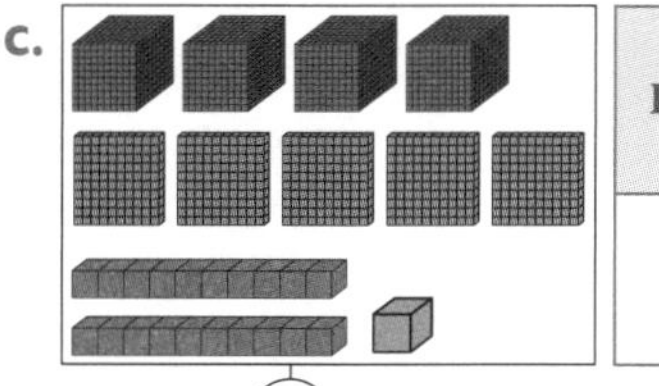

m	c	d	u

Il y a .... punaises.

2 ** **Colorie de la même couleur les étiquettes qui représentent le même nombre.**

473 | 7 centaines 3 dizaines 4 unités

734 | 1345 | 4 c 7 d 3 u

4 milliers 5 centaines 3 dizaines 1 unité

4531 | 1000 + 300 + 40 + 5

3 ** **Comment se lisent ces nombres ? Relie-les aux bonnes réponses.**

a. 578 •
- • cinq-cent-soixante-dix-huit
- • cinq-cent-soixante-huit
- • sept-cent-cinquante-huit

b. 1090 •
- • mille-neuf-cents
- • cent-quatre-vingt-dix
- • mille-quatre-vingt-dix

c. 3070 •
- • trois-mille-sept-cents
- • trois-mille-soixante-dix
- • trois-mille-sept-cent-dix

4 *** **Observe ce tableau et réponds par Vrai ou Faux.**

classe des mille			classe des unités		
c	d	u	c	d	u
		7	6	5	2

a. Le chiffre 5 représente 50: ....

b. Le chiffre 6 représente 6 dizaines: ....

c. Le nombre des centaines est 76: ....

d. Le chiffre 7 se lit sept-mille: ....

e. Le chiffre des milliers est 2: ....

Colorie la bonne solution.

Mon chiffre des unités est le même que celui de mes centaines.

Mon chiffre des dizaines est le même que celui de mes milliers.

Qui suis-je ?

(6757) (8787) (7667)

Bravo ! Maintenant, tu sais dénombrer et lire un nombre jusqu'au millier.

CORRIGÉS P. 20 Guide parents

Nombres

2 Écrire et décomposer des nombres

Avec Inès et Hugo

La leçon

- **Un nombre peut s'écrire :**
  - avec des **chiffres** : 3 456 ;
  - avec des **mots** : trois-mille-quatre-cent-cinquante-six ;
  - sous forme de **décomposition** :

$$3\,456 = 3\,000 + 400 + 50 + 6$$
$$= (3 \times 1\,000) + (4 \times 100) + (5 \times 10) + 6$$

On t'explique

Écrire un nombre

- **Pour écrire un grand nombre avec des chiffres**, sépare les milliers des unités par un **espace** : 3 (espace) 456.
- **Pour écrire un grand nombre en lettres**, n'oublie pas :
  - de mettre un **tiret** entre tous les mots,
  - le mot ***cent*** prend un ***s*** quand il est le dernier :
    1 400 : mille-quatre-cents 180 : cent-quatre-vingts
  - le mot ***mille*** ne prend **jamais de *s*** : **huit-**mille.
  - le mot ***vingt*** ne prend **jamais de *s*, sauf** dans quatre-vingts.

Spécial parents

- **Tous les noms des chiffres et des nombres doivent maintenant être connus.** Avec ces mots, on peut écrire tous les nombres appris au cours du CE2 : un, deux, trois, quatre, cinq, six, sept, huit, neuf, dix, vingt, trente, quarante, cinquante, soixante, cent, mille…
- **Décomposer un nombre est un exercice utile** car il permet de savoir si votre enfant a compris la valeur de chaque chiffre :
  7 809, c'est 7 milliers, 8 centaines et 9 unités ou $(7 \times 1\,000) + (8 \times 100) + 9$.
- **Pour l'exercer,** faites décomposer à votre enfant le nombre inscrit au compteur de la voiture lors d'un voyage.

Entraine-toi !

1 * **Colorie les étiquettes d'une même couleur quand elles représentent le même nombre.**

six-cent-vingt-cinq	1 966
5 centaines 2 dizaines et 6 unités	2 976
deux-mille-neuf-cent-soixante-seize	625
mille-neuf-cent-soixante-six	526

2 * **Écris ces nombres en lettres ou en chiffres.**

a. 5 757 = ...

....

b. 6 800 = ...

....

c. 7 099 = ...

....

d. deux-cent-trente-quatre = ...

e. mille-six-cent-quinze = ...

f. sept-mille-cent-quinze = ...

3 *** **Décompose ces nombres.**

a. 578 = 500 + 70 + 8
= (5 × . . .) + (7 × . .) + .

b. 923 = 900 + . . + .
= (. × . . .) + (. × . .) + .

c. 3 497 = ...

....

d. 5 670 = ...

....

e. 9 403 = ...

....

4 *** **Complète les nombres ou les décompositions.**

a. 1 348 = (1 × . . . .) + (. × 100) + (4 × . .) + .

b. 9 023 = (. × 1 000) + (2 × . .) + .

c. 3 . 97 = (. × 1 000) + (2 × . . .) + (9 × . .) + .

d. . 6 . . = (4 × . . . .) + (6 × . . .) + (5 × 10)

Complète.

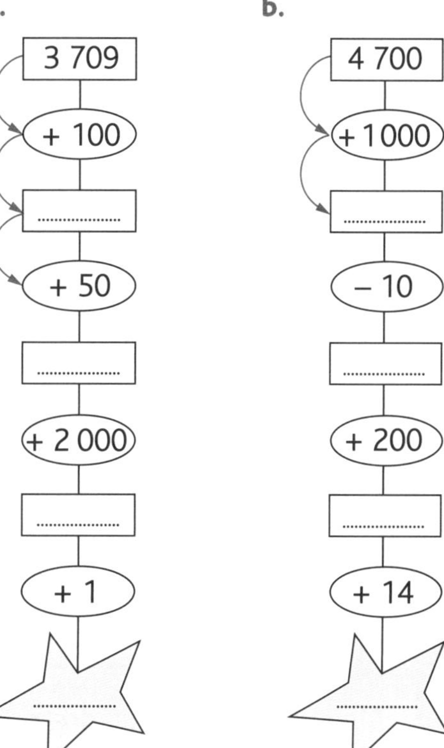

Écris en lettres les résultats que tu as trouvés.

a. ....

b. ....

Bravo ! Tu es devenu(e) incollable sur l'écriture et la décomposition des nombres.

CORRIGÉS P. 20 Guide parents

3

Nombres

Repérer, encadrer, intercaler des nombres

Avec Inès et Hugo

Incroyable !
Tu cherches quelque chose ?
Non, Monsieur, je range ton bazar !
Sais-tu que le n° 587 s'intercale entre le n° 560 et le n° 612 ?
N°560
N°612
Je ne peux plus l'encadrer ce garçon !

La leçon

- **Pour repérer un nombre**, il faut connaitre celui qui vient **avant** et celui qui vient **après** :

… – 3 567 – 3 568 – 3 569 – 3 570 – 3 571…

- **Pour placer ou intercaler un nombre**, on utilise une **droite numérique** :

3 640 — 4 870 — 5 600 — 6 120

3 000 — 4 000 — 5 000 — 6 000 — 7 000

- **Pour encadrer un nombre**, on le place entre un nombre **plus petit** et un nombre **plus grand** :

3 500 < 3 569 < 4 000

On t'explique

Bien utiliser les encadrements

- **On peut encadrer un nombre :**
  - à l'unité près : 4 394 < 4 395 < 4 396
  - à la dizaine près : 4 360 < 4 365 < 4 370
  - à la centaine près : 4 300 < 4 395 < 4 400
  - au millier près : 4 000 < 4 395 < 5 000
- **Encadrer des nombres est très utile pour évaluer des résultats :** 2 897 × 3

On arrondit le nombre 2 897 au millier supérieur : 2 897 < 3 000

On peut ainsi calculer plus rapidement : 3 000 × 3 = 9 000

Spécial parents

- **La droite graduée est très utile :** elle permet d'avoir un repère visuel. Elle prépare aussi à la lecture de frises historiques pour le cycle 3.

Entraine-toi !

1 * Complète le tableau.

avant		après
1298	1299	....
....	6740	....
....	4899	....

2 ** À quels nombres correspondent ces lettres ?

A = ...

B = ...

C = ...

D = ...

3 ** Coche toutes les écritures inférieures à 6500.

a. ☐ 6000 + 98

b. ☐ 6000 + 50 + 300

c. ☐ 4000 + 90 + 800

d. ☐ (6 × 1000) + (6 × 100)

e. ☐ (6 × 1000) + (4 × 100) + (4 × 10)

f. ☐ 6000 + 300

g. ☐ (7 × 1000) + (5 × 100)

h. ☐ (6 × 1000) + (4 × 100) + (9 × 10) + 9

4 *** Encadre ce nombre.

À l'unité près	.... < 7953 < ....
À la dizaine près	.... < 7953 < ....
À la centaine près	.... < 7953 < ....
Au millier près	.... < 7953 < ....

5 *** Place les nombres aux endroits qui conviennent :

1189 – 1146 – 1043 – 1267 – 1234.

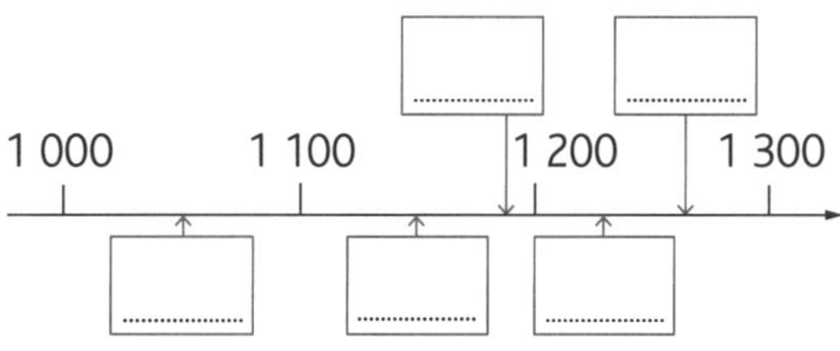

Qui a gagné quoi ?

– Nous avons gagné plus de 3000 points.

....

– Mon résultat est entre 2000 et 3000.

....

– Le mien est entre 3900 et 4000.

....

Bravo ! Tu sais repérer, encadrer, intercaler des nombres.

CORRIGÉS P. 20

4

Nombres

Comparer et ranger des nombres

Avec Inès et Hugo

La leçon

- **Pour comparer des nombres, on utilise les signes :**
  > supérieur à   < inférieur à   = égal à   ≠ différent de
- **Ces nombres sont rangés dans l'ordre croissant** : du plus petit au plus grand.
  6 549 < 6 650 < 6 750 < 6 800
- **Ces nombres sont rangés dans l'ordre décroissant** : du plus grand au plus petit.
  6 800 > 6 750 > 6 650 > 6 549

On t'explique

Comparer des nombres

- Ne te trompe pas de signe !

le plus grand > le plus petit   le plus petit < le plus grand

Le **plus grand nombre** est toujours placé du côté de la **grande ouverture**.

- Si deux nombres commencent par les mêmes chiffres, **compare-les toujours en partant de la gauche vers la droite** :

6 754 > **6** 639
6754 > **67**49
6754 > **675**2

Spécial parents

- **Souvent votre enfant a plus de mal à comprendre la consigne qu'à faire l'exercice :** « range ces nombres dans l'ordre croissant ».
Faites-lui penser à sa propre croissance : il devient de plus en plus grand.
L'ordre décroissant est l'inverse.

Entraine-toi !

1 * Dans chaque liste, entoure en bleu le plus petit nombre et en vert le plus grand.

a. 578 – 678 – 540 – 679 – 509 – 667

b. 4578 – 2678 – 3786 – 7893 – 5673

c. 6789 – 6987 – 7896 – 7978 – 7689

2 ** Complète avec les signes : >, <, = .

a. 4567 ... 3678

b. 4563 ... 4874

c. 5789 ... 5987

d. 6986 ... 6869

e. 5067 ... 5000 + 60 + 7

f. 5000 + 500 + 4 ... 5000 + 600 + 3

g. 6000 + 400 + 57 ... 3000 + 900 + 70

h. 4000 + 700 + 87 ... 4787

3 ** Barre, dans chaque liste, le nombre qui est mal rangé.

a. 578 – 678 – 540 – 679 – 689 – 700

b. 4578 – 4678 – 4786 – 4893 – 4673

c. 6789 – 6987 – 7896 – 7978 – 7689

d. 5670 – 5879 – 6999 – 6890 – 7980

4 *** Écris le plus petit nombre de 5 chiffres, puis le plus grand.

a. ....

b. ....

5 ** Un bibliothécaire a fait son inventaire. Écris si ce qu'il dit est vrai ou faux, en sachant qu'il veut classer ses livres dans un ordre croissant.

Bandes dessinées	4786
Romans	4500
Journaux	4876
Livres documentaires	4789

a. Les BD sont les moins nombreuses. ....

b. Le nombre de romans arrive après celui des journaux. ....

c. Les livres documentaires sont placés en 3e position. ....

d. Les livres documentaires sont entre les BD et les journaux. ....

6 *** Écris V (vrai) ou F (faux).

a. 5650 est après 5590 : ......

b. 5650 est après 5910 : ......

c. 5650 est après 5645 : ......

d. 5650 est après 6550 : ......

EXO DÉFI  **Réponds à la devinette et entoure la bonne réponse.**

Si tu ranges ces nombres dans l'ordre décroissant, je suis à la 3e place.

Qui suis-je ? ....

5786 – 5876 – 6785 – 5678 – 6788

Bravo ! La comparaison des nombres n'a plus de secret pour toi.

L'addition

Avec Inès et Hugo

Bon, on va à Grandville, 145 km, puis à Petit Bourg, 139 km, puis retour à la maison, 356 km.

Donc, combien de kilomètres en tout ?
145 + 139 + 356 = 640
640 km ! On va peut-être y aller en train.

La leçon

- **Pour trouver la somme de plusieurs nombres, on utilise l'addition :**
  145 + 139 + 356 = **640**
  640 est la somme de 145 + 139 + 356.
- **Pour calculer rapidement**, utilise les **décompositions** :
  624 + 353 = 600 + 300 + 20 + 50 + 4 + 3
  = 977
- Tu peux **inverser les termes** de ton addition :
  1 350 + 3 200 + 250 + 800 ➜ (1 350 + 250) + (3 200 + 800)
  ➜ 1 600 + 4 000 = 5 600

On t'explique

Effectuer une addition

- Avant de calculer, **évalue toujours ton résultat** :
  3 454 + 738 + 3 c'est environ ➜ 3 500 + 700 = **4 200**
- **Pour poser une addition,** aligne bien tes chiffres et commence par ajouter :
  – **les unités** avec les unités,
  – **les dizaines** avec les dizaines,
  – **les centaines** avec les centaines...

Attention ! N'oublie pas les retenues !

	m	c	d	u
	1		1	
	3	4	5	4
+		7	3	8
+				3
	4	1	9	5

Spécial parents

- On peut rappeler que **le résultat d'une addition** (la somme) **sera toujours supérieur aux nombres de l'addition** : le résultat de 1 980 + 26 sera toujours plus grand que 1 980 ou que 26 !

Entraine-toi !

1 * Calcule rapidement :

+	8	9	5	7
5				
3				
6				

2 ** Entoure le résultat qui sera le plus proche.

a. 689 + 78 + 9

1000 – 100 – 2000

b. 2189 + 1068 + 3

300 – 3000 – 6000

c. 1899 + 4007 + 789

5000 – 6000 – 7000

3 ** Calcule sans poser.

a. 1460 + 355 + 40 = ...

....

....

b. 2450 + 3078 = ...

....

....

c. 321 + 635 + 5 + 9 + 1100 = ...

....

....

4 ** Sur l'ardoise, pose et effectue ces opérations. Évalue ton résultat avant de poser ton opération.

a. 4567 + 789 b. 4672 + 567 + 73

c. 4287 + 1782 + 447 + 2

5 * Résous ces problèmes sur l'ardoise.**

a. Mario avait 458 billes. Il en a gagné 123 la semaine dernière et 239 cette semaine.
Combien a-t-il de billes maintenant ?

b. Le capitaine du bateau est né en 1938 et il est mort à l'âge de 67 ans.
Quelle est la date de sa mort ?

c. Lis ce tableau et calcule combien de passagers prendront le bateau de 16 h 15.

	14 h 30	15 h 15	16 h 15
Adultes	128	147	178
Enfants	34	86	12

d. Un vieux pont peut supporter une masse de 2500 kg.
Un camion qui pèse 1890 kg avec un chargement de 745 kg peut-il l'emprunter ?

Complète la grille de chiffres.

a. 1567 + 45 + 30

b. le double de 1243

c. 1679 + 457

d. 200 + 500 + 763 + 3000

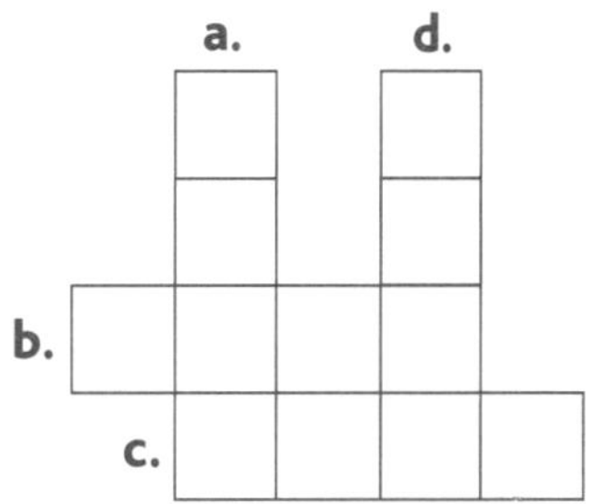

Bravo ! Maintenant, tu sais utiliser et effectuer des additions.

La soustraction

Avec Inès et Hugo

La leçon

- **Faire une soustraction, c'est calculer :**
  – une **différence** :
  134 – 132 = **2** ➜ Inès mesure **2** cm de moins que Hugo,
  – un **reste** :
  3 675 – 43 = **3 632** ➜ il reste **3 632** billes à Inès,
  – un **manque** :
  3 675 – 3 632 = **43** ➜ il manque **43** billes à Inès,
  – un **écart** :
  37 – 34 = **3** ➜ Hugo pèse **3** kilos de plus qu'Inès.

On t'explique

Effectuer une soustraction

- **Pour effectuer une soustraction,** rappelle-toi que tu dois **toujours** placer **le plus grand nombre avant** : 3 456 > 1 732 ➜ 3 456 – 1 732
- Avant de calculer, **évalue toujours ton résultat** :
  3 454 – 1 783 c'est environ ➜ *3 500 – 2 000 =* ***1 500***
- **Quand tu poses une soustraction,** aligne bien les chiffres **en colonnes** et utilise les **retenues** si le chiffre du haut est plus petit que celui du bas :

	m	c	d	u	
	3	$_1$**4**	**5**	$_1$**4**	deux retenues en haut
–	$_1$**1**	**7**	$_1$**3**	**8**	deux retenues en bas
	1	**7**	**1**	**6**	

Spécial parents

- **La soustraction n'est pas une opération facile** car elle peut s'utiliser dans des cas très différents : quelquefois le piège est dans l'énoncé du problème.
«Alain a 56 billes et Lucas en a 78. Combien Lucas a-t-il de billes **en plus** ?
78 – 56 = 22.»

Entraine-toi !

1 * Calcule rapidement :

a. 50 + ... = 100
b. 70 + ... = 100
c. 45 + ... = 100
d. 61 + ... = 100
e. 400 + ... = 1000
f. 800 + ... = 1000
g. 350 + ... = 1000
h. 620 + ... = 1000

2 ** Sur l'ardoise, pose et effectue les soustractions suivantes. Évalue ton résultat avant de calculer.

a. 2365 – 421
b. 1331 – 528
c. 3342 – 2136
d. 9221 – 3768

3 ** Observe cette droite numérique et réponds aux questions.

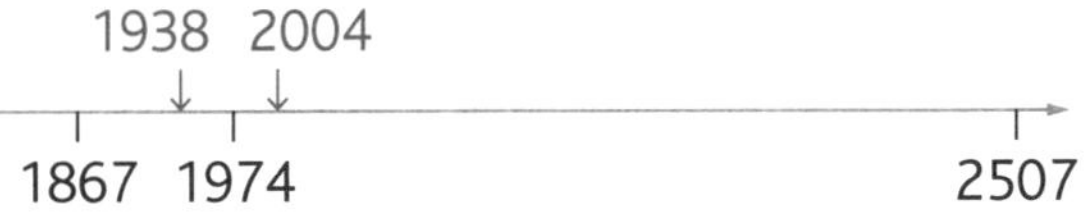

a. Quels sont les deux nombres qui ont le plus grand écart ?

....

b. Quels sont les deux nombres qui ont le plus petit écart ?

....

c. Calcule l'écart entre 1938 et 2507.

....

d. Calcule l'écart entre 2004 et 2507.

....

4 * Résous ces problèmes sur l'ardoise.**

a. Léa a 1215 billes. Thomas en a 347 de moins que Léa.
Combien de billes a Thomas ?

b. Un ferry a embarqué 3456 passagers, 967 en sont descendus.
Combien en reste-t-il sur le ferry ?

c. Francis trace un trait de 42 cm sur une feuille. Mais il se rend compte que son trait est trop long ! Il gomme 13 cm.
Combien mesure son nouveau trait ?

d. Une fermière a fabriqué 750 fromages. Au bout d'une semaine, il lui en reste 245.
Combien en a-t-elle vendus cette semaine ?

e. J'ai acheté 3 CD et j'ai dépensé 53 € : l'un coutait 19 €, l'autre coutait 26 €. Je ne me souviens plus du prix du troisième.
Combien l'ai-je payé ?

Complète ces soustractions.

```
  9 . 6          3 6 1 8
– . 3 .        –   . . . 5
  7 5 1          1 3 0 .

  2 1 3 9          4 . .
– 1 6 2 3        – . 3 4
  . . . .          2 6 4
```

Bravo ! Tu es devenu(e) incollable sur les soustractions.

Le sens de la multiplication

Avec Inès et Hugo

Combien y a-t-il de bonbons ? 8 + 8 + 8 ...
Alors il y a 8 bonbons par ligne et 6 bonbons par colonne : 8 x 6 = 48 bonbons.

Comment tu as fait ?
Avec la mutiplication, c'est plus facile et c'est surtout moins long !

La leçon

- **La multiplication simplifie l'addition** d'un même nombre :
  8 + 8 + 8 + 8 + 8 + 8, c'est **6 fois 8 = 6 × 8 = 48**.
- **Le résultat d'une multiplication** s'appelle un **produit** :
  48 est le produit de **6 × 8** ou de **8 × 6**.

On t'explique

Utiliser la multiplication

- Pour utiliser la multiplication, **il faut que le même nombre puisse être additionné plusieurs fois**, par exemple :

Si chaque sac coute 8 euros, tu peux calculer : **8 + 8 + 8 + 8 + 8** ou **5 × 8**

Si chaque sac a un prix différent, tu ne peux pas utiliser la multiplication :
6 + 9 + 7

- **Tu dois connaitre par cœur les tables** de multiplication (voir p. 32 des corrigés).

Spécial parents

- **Le CE2 est l'année de l'apprentissage de la multiplication.**
  Votre enfant doit bien comprendre dans quelle situation il doit l'utiliser : c'est une répétition d'additions d'un même nombre.
- **Pour mieux connaitre les tables de multiplication,** proposez quelques techniques à votre enfant. Par exemple, la table de 6, c'est compter de 6 en 6 ; on peut alors trouver rapidement un résultat à partir d'un autre : 6 × 6 est facile à trouver, c'est (5 × 6) + 6 = 36. Si on connait 6 × 10 = 60, on peut trouver 6 × 9, c'est (6 × 10) – 6 = 54.

Entraine-toi !

1 * **Entoure quand la multiplication est possible et écris-la.**

a. 6 + 6 + 6 + 6 + 6 + 7 + 6 = ...

b. 42 + 42 = ...

c. 67 + 67 + 67 = ...

d. 123 + 123 + 123 + 231 = ...

e. 7 + 7 + 7 + 7 + 7 + 7 + 7 = ...

2 ** **Calcule rapidement :**

×	5	7	8	4
3				
6				
2				

3 ** **Résous rapidement chaque problème. Attention à l'intrus !**

a. Un fermier a 7 prés : dans chaque pré, il y a 9 vaches.
Il a .... vaches en tout.

b. Une fermière a 9 poules et 7 coqs.
Elle a .... animaux en tout.

c. M. Martin achète 7 cages à 9 euros chacune.
Il a payé .... euros au total.

d. Les 9 poules de la fermière pondent chacune 7 œufs par semaine.
La fermière récupère .... œufs par semaine.

4 ** **Calcule rapidement :**

a. 2 × 3 × 5 × 2 = ...

b. 3 × 6 × 2 × 3 = ...

c. 1 × 9 × 5 × 3 = ...

5 ** **Colorie tous les résultats de la table de 9.**

8	63	56	36	78	81	23
54	42	89	90	12	43	72
33	27	45	21	18	17	9

6 *** **Complète le tableau.**

	Nombre de sacs	Prix du sac	Prix total
Blé	24	3 euros	....
Orge	13	4 euros	....
Maïs	45	2 euros	....

Résous ce problème.

Voici le trajet que fait M. Zanimo, le vétérinaire. Il le fait le matin et le soir, et 5 jours par semaine.

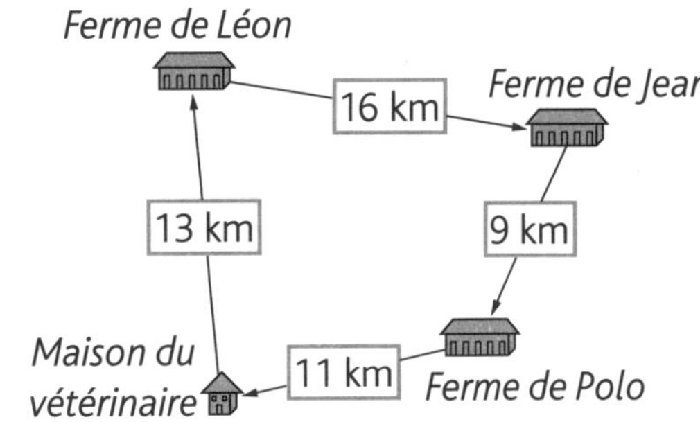

Combien de kilomètres parcourt-il chaque semaine ?

....

....

....

Bravo ! Maintenant, tu sais utiliser la multiplication.

8 Calculs
La multiplication par 10, 20, 100, 200...

Avec Inès et Hugo

Tu imagines ! Il doit y avoir 100 bonbons par boite et il y a 6 boites.
600 bonbons en tout !
600 bonbons ? Comment tu as fait pour les compter aussi vite ?
Facile ! Quand tu multiplies par 100, tu ajoutes 2 zéros à la fin du résultat !
Et puis, les bonbons, je les compte toujours plus vite !

La leçon

■ **Quand on multiplie un nombre** par 10, 20 ou 100, 200, le nombre multiplié **change de classe.**

3 × 10 = 30
3 multiplié par **10** devient **3 dizaines.**
3 × 100 = 300
3 multiplié par **100** devient **3 centaines.**
30 × 10 = 300
3 dizaines multipliées par **10** deviennent **3 centaines.**

On t'explique

Multiplier par 10, 100, 20, 200

■ **Pour multiplier un nombre par 10 ou 100,** ajoute le nombre de zéros visibles dans l'opération à la fin de ton résultat :
4 × 10 = **4**0 **5** × 100 = **5**00

■ **Pour multiplier un nombre par 20, 200, 400,** fais la multiplication, puis ajoute les zéros au résultat :
20 × **2**0 ➔ (2 × 2 = 4) ➔ **4** × 100 ➔ **4**00
4 × **2**00 ➔ (4 × 2 = 8) ➔ **8** × 100 ➔ **8**00

Attention ! Ajoute bien le bon nombre de zéros au résultat :
5 × **4**00 ➔ (**5** × **4** = **20**) ➔ **20** × 100 = **2**000
Ici, il y a le zéro de 20, plus les deux zéros de 400.

Spécial parents

■ **Cette règle de calcul sera très utile pour aborder la multiplication à deux chiffres :** 21 × 43, c'est 21 fois 3 (= 63) + 21 fois 40 (= 840) = 840 + 63 = 903. Cet exercice de calcul doit devenir un calcul automatique.

■ **Attention, le nombre de zéros du résultat n'est pas forcément égal au nombre de zéros visibles dans l'opération :**
150 × 20, c'est 15 × 2 = 30 → 30 × (10 × 10) = 3 000.
Ici, on voit deux zéros, mais il y en a 3 au résultat.

Entraine-toi !

1 * Calcule rapidement ces multiplications.

a. 60 × 10 = ... b. 48 × 200 = ...

c. 12 × 100 = ... d. 54 × 20 = ...

e. 100 × 70 = ... f. 31 × 100 = ...

2 * Calcule rapidement ces multiplications.

a. 10 × 50 = ... b. 46 × 100 = ...

c. 120 × 100 = ... d. 58 × 100 = ...

e. 40 × 100 = ... f. 81 × 100 = ...

g. 98 × 100 = ... h. 19 × 100 = ...

3 * Complète ces multiplications.

a. 56 × .... = 560 b. 40 × .... = 4 000

c. 67 × .... = 6 700 d. 23 × .... = 2 300

e. 78 × .... = 7 800 f. 24 × .... = 240

4 ** Calcule les totaux de cette commande sur l'ardoise.

Commande de M. Buro			
Produit	Quantité par boite	Quantité de boites	Totaux
Agrafes	100	5	....
Feuilles	400	20	....
Trombones	100	10	....

5 ** Calcule rapidement ces multiplications.

a. 40 × 30 = ... b. 6 × 200 = ...

c. 320 × 30 = ... d. 40 × 70 = ...

e. 60 × 30 = ... f. 20 × 80 = ...

g. 130 × 20 = ... h. 50 × 50 = ...

6 ** Calcule ces multiplications comme dans l'exemple.

56 × 30 = (50 × 30) + (6 × 30) = 1 500 + 180 = 1 680

a. 26 × 50 = ...

b. 87 × 40 = ...

c. 97 × 60 = ...

7 *** Résous ces problèmes sur l'ardoise.

a. Un lion mange 6 kilos de viande et boit 2 litres d'eau par jour.
En un mois (30 jours), combien avale-t-il de kilos de viande et de litres d'eau ?

b. Un maçon a commandé 12 paquets de 40 carreaux noirs et 25 paquets de 10 carreaux blancs.
Combien a-t-il de carreaux à poser en tout ?

c. Le directeur a commandé 100 paquets de 25 cahiers : la première semaine, il a distribué 55 paquets et la deuxième 35 paquets.
Combien lui reste-t-il de paquets ? et combien de cahiers ?

Complète cette grille.

A : (3 × 10 × 10) B : 120 × 50
C : le double de 44 D : 40 × 5 × 2

A				■
B				
C			■	■
D	■			

Bravo ! Maintenant, la multiplication par 10, 20, 100, 200... n'a plus de secret pour toi.

La technique de la multiplication

Avec Inès et Hugo

105 x 3 = ?
Ok ! Moi je multiplie 5 x 3 = 15.
C'est parti ! Moi, je calcule 100 x 3 = 300.
CLAP
300 + 15 = 315. On est les champions, on est les champions...
... de la multiplication !

La leçon

N'oublie pas les retenues.

- **Pour effectuer une multiplication,** on peut la **décomposer** :
  $567 \times 4 = (500 \times 4) + (60 \times 4) + (7 \times 4) = 2000 + 240 + 28 = 2268$
- Avant de calculer, **évalue toujours ton résultat** :
  567×4 c'est environ $600 \times 4 = 2400$

On t'explique

Effectuer une multiplication

On peut **poser une multiplication.**

1. On commence par multiplier les **unités** :
$4 \times 7 = 28$.
On écrit 8 et on place les 2 dizaines en retenue.

$$\begin{array}{r} {}^{2} \\ 567 \\ \times \quad 4 \\ \hline 8 \end{array}$$

2. Puis, on multiplie **les dizaines** :
$4 \times 6 = 24$ plus la retenue $2 = 26$.
On écrit 6 et on retient 2 centaines.

$$\begin{array}{r} {}^{2\,2} \\ 567 \\ \times \quad 4 \\ \hline 68 \end{array}$$

3. On multiplie **les centaines** :
$4 \times 5 = 20$ plus la retenue $2 = 22$.
On écrit 22.

$$\begin{array}{r} {}^{2\,2} \\ 567 \\ \times \quad 4 \\ \hline 2268 \end{array}$$

Spécial parents

- **L'important est que votre enfant développe ses propres stratégies de calculs.**
La multiplication à deux ou trois chiffres sera abordée au cycle 3.

Entraine-toi !

1 * Calcule en utilisant la décomposition.

a. 17 × 6 = ...

....

b. 64 × 3 = ...

....

c. 78 × 5 = ...

....

d. 139 × 7 = ...

....

2 * Entoure le résultat qui sera le plus proche.

a. 64 × 4

28 – 280 – 2 800

b. 49 × 9

60 – 450 – 4 500

c. 321 × 6

180 – 1 800 – 900

3 * Effectue ces multiplications. Évalue ton résultat avant de calculer.

$$\begin{array}{r} 34 \\ \times \quad 8 \\ \hline \end{array} \qquad \begin{array}{r} 89 \\ \times \quad 7 \\ \hline \end{array} \qquad \begin{array}{r} 326 \\ \times \quad 8 \\ \hline \end{array}$$

....

....

4 ** Résous ces problèmes sur l'ardoise.

a. Clara a acheté 23 livres à 9 € pièce. Combien a-t-elle dépensé ?

....

....

b. M. Vavite parcourt 127 km tous les jours de la semaine. Combien de kilomètres aura-t-il parcourus en une semaine ?

....

....

c. Léo et Léa sont jumeaux : ils achètent tout en double ! Cette semaine, ils ont acheté chacun un canapé à 437 € et une table à 189 €. Combien ont-ils dépensé à deux ?

....

....

5 * Résous ce problème sur l'ardoise.**

Pour fabriquer ses sorbets maison sans sucre ajouté, le glacier a commandé 132 barquettes de fraises à 4 € et 56 paniers de framboises à 9 €. Combien a-t-il dépensé pour ces fruits ?

....

6 * Résous ce problème sur l'ardoise.**

Une lapine peut avoir 12 petits par portée et cela tous les mois.

Calcule le nombre de lapereaux que peuvent avoir les 4 lapines de Joël au bout d'un mois.

....

Complète ces pyramides : remplis les cases du bas vers le haut en multipliant les nombres voisins.

a.

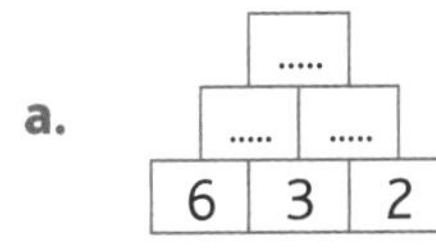

b.

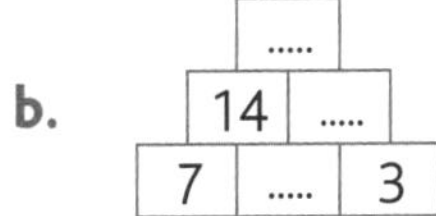

Bravo ! Maintenant, tu maitrises la technique de la multiplication.

Vers la division

Avec Inès et Hugo

On sera 9 à mon anniversaire et j'ai 36 bonbons.
Super !

Ça fera 4 bonbons par personne, car 9 x 4 = 36.
Oui, ou 36 : 9 = 4.
Et si on le fêtait à 2 ? 36 bonbons à se partager en 2, ça fait 18 bonbons chacun. C'est mieux, non ?

La leçon

- **Faire une division, c'est partager un nombre en parts égales :**
  36 divisé par 9 ou **36 : 9 = 4** ➜ les 9 enfants auront **4** bonbons chacun.
  36 divisé par 2 ou **36 : 2 = 18** ➜ les 2 enfants auront **18** bonbons chacun.
- **Le résultat d'une division s'appelle le quotient.**
- Quelquefois, il peut y avoir un **reste** :
  32 n'est pas dans la table de 9
  32 divisé par 9 ou **32 : 9 = (3 × 9) + 5**
  Il restera **5** car 3 × 9
  27 + **5** = 32.
- Quand on **divise un nombre par 2**, on obtient sa **moitié** :
  120 : **2** = 60
- Quand on **divise un nombre par 10 ou 100**, on le rend **10 ou 100 fois plus petit** :
  120 : **10** = 12 3 500 : **100** = 35

On t'explique

Partager un nombre

- **Pour partager un nombre, utilise tes tables de multiplication :**

× 8	1	**2**	3	4	**5**	6	**7**	8	9	10
	8	**16**	24	32	**40**	48	**56**	64	72	80

16 : 8 = 2 **40 : 8 = 5** **56 : 8 = 7**

- **Si tu veux diviser 67 par 8 :**
  Comme 67 n'est pas dans la table de 8, cherche le nombre le plus proche inférieur à 67. C'est 64 :
  64 = 8 × 8 ➜ 67 – 64 = **3**. Il reste **3**.

Spécial parents

- **Au CE2, on aborde la division**, mais on n'apprend pas encore la technique de cette opération. Pour le moment, votre enfant doit connaitre parfaitement ses tables de multiplication.

Entraine-toi !

1 * **Complète cette table de multiplication.**

×6 →	2	8			9	3	← :6
	12		42	30			

2 ** **Classe ces nombres au bon endroit : 56 – 24 – 36 – 60 – 21 – 16 – 49 – 63 – 32.**

Un même nombre peut se retrouver à plusieurs endroits à la fois.

Table de 6	Table de 7	Table de 8
....	....	....

3 ** **Effectue ces divisions.**

a. 80 : 10 = ...

b. 300 : 100 = ...

c. 42 : 2 = ...

d. 5 000 : 100 = ...

e. 5 600 : 10 = ...

f. 6 842 : 2 = ...

g. 56 : 8 = ...

h. 24 : 6 = ...

i. 45 : 9 = ...

j. 70 : 7 = ...

k. 18 : 6 = ...

l. 81 : 9 = ...

4 *** **Complète le tableau.**

Bonbons	Enfants	Part de chaque enfant	Reste
65	6	....	....
....	4	12	3
29	....	3	2

5 *** **Effectue les partages en t'aidant du modèle.**

Louise a 38 roses, elle veut les répartir dans 6 vases. 38 : 6 = (6 × 6) + 2.
Chaque vase contiendra 6 roses. Il en restera 2.

a. Tina a 24 gâteaux à partager entre 5 personnes. 24 : 5 = (5 × ......) + ...
Chaque personne aura .... gâteaux et il en restera ....

b. Noé distribue 52 cartes à 6 joueurs.
52 : 6 = (6 × ......) + ...
Chaque joueur aura .... cartes et il en restera ....

c. Un livre coute 8 euros. Mathieu a 73 euros. Combien peut-il s'acheter de livres ?
73 : 8 = (8 × ......) + ...
Il peut s'acheter .... livres et il lui restera .... euro.

Réponds par Vrai ou Faux.

a. Diviser, c'est partager en parts égales : ....

b. 36 est dans la table de 6 : ....

c. Si le partage ne tombe pas juste, il y a un reste : ....

d. 50 est dans les tables de 5 et de 10 : ....

e. 47 : 5 = 9, et il reste 3 : ....

Bravo ! Maintenant, tu es devenu(e) incollable sur la division.

CORRIGÉS P. 22 Guide parents

11 Calculs

Le calcul mental

Avec Inès et Hugo

Bon, il faut 3 œufs et 150 g de farine par gâteau. On doit faire 3 gâteaux.
Je vais chercher la calculette ! Moi qui croyais qu'on faisait de la cuisine.

Mais non ! On utilise le calcul mental ! On multiplie tout par 3.
Ah ! Donc ça fait 3 x 3 = 9 œufs et 150 x 3 = 450 g de farine. C'est facile la cuisine !

La leçon

- **Pour calculer mentalement et rapidement, il faut :**
  – **bien connaitre ses tables** d'addition et de multiplication ;
  – **utiliser les compléments** à 10, à 100, à 1 000 :
  $8 + 2 = 10$ $80 + 20 = 100$ $800 + 200 = 1\,000$;
  – **utiliser toutes les opérations** que l'on connait :

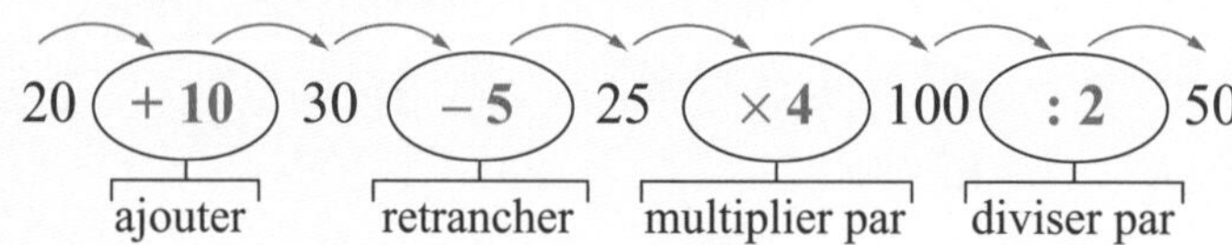

  – **utiliser les doubles** (× 2) et **les moitiés** (: 2).

On t'explique

Organiser ses calculs

- **Pour chaque calcul mental ou écrit en ligne, chacun peut trouver sa façon de faire :**
  – On peut utiliser la **décomposition** :

1 400 + 1 800 + 300 + 50
= (1 000 + 1 000) + (400 + 800 + 300) + 50
= 2 000 + 1 500 + 50
= 3 550

12 × 35
= (12 × 30) + (12 × 5)
= 360 + 60
= 420

  – On peut aussi faire des **regroupements** :

1 400 + 1 800 + 300 + 50
= 3 200 + 350
= 3 550

2 × 6 × 5 × 7
= 2 × 30 × 7
= 2 × 210
= 420

Spécial parents

- **Le calcul mental portant sur les 4 opérations** reste une compétence essentielle en mathématiques. N'hésitez donc pas à jouer en calculant !

Entraine-toi !

1 * **Complète rapidement ces tables de multiplication.**

×	5	8	6	10	100
9					
7					
8					

2 * **Relie les compléments à 100 puis à 1 000.**

15	45	800	300
55	35	750	200
65	25	700	450
75	**85**	550	250

3 ** **Calcule rapidement.**

a. 2 600 + 700 + 80 + 400 + 20 = ...

b. 550 + 1 750 + 1 500 + 250 = ...

c. 356 – 61 = ...

d. 2 589 – 2 173 = ...

e. 10 × 2 × 3 × 5 = ...

f. 4 × 5 × 7 × 2 = ...

4 ** **Complète les tableaux.**

: 2	
24	
126	
486	
2 850	

: 100	
2 700	
1 000	
4 800	
	23

: 50	
200	
400	
600	
1 000	

5 **  **Calcule sur l'ardoise.**

a. Ajoute 100 à ces nombres.
256 – 48 – 7 850 – 2 639 – 45 400

b. Retire 10 à ces nombres.
36 – 143 – 463 – 1 270 – 7 910

c. Ajoute 9 à ces nombres.
7 – 23 – 31 – 56 – 87 – 105

d. Retire 9 à ces nombres.
21 – 56 – 48 – 76 – 82 – 97

6 ** **Décompose et calcule.**

a. 45 × 6 = (40 × ....) + (5 × ....) = ... + ... = ...

b. 34 × 4 = ...

c. 63 × 5 = ...

d. 74 × 3 = ...

7 *** **Compte à partir du nombre indiqué.**

a. Compte de 100 en 100, 8 fois de suite, et écris le nombre que tu as trouvé.

458 → ....

b. Compte 7 fois de suite en enlevant 10, et écris le nombre que tu as trouvé.

468 → ....

Devinettes.

a. Si on m'ajoute 109, je deviens 200. ....

b. Si on me multiplie par 5, je deviens 55. ....

c. Si on me retire 240, je deviens 440. ....

Bravo ! Tu maitrises le calcul mental.

12 Calculs

Les tableaux et les graphiques

La leçon

■ **Pour mieux lire et utiliser des données mathématiques,** on peut les présenter :

– dans un **tableau** qui organise les titres et les nombres ;

– grâce à des **graphiques qui représentent les données du tableau.**

Résultats des équipes	
Les lynx	46
Les lions	67
Les loups	43
Les ours	56
TOTAL	212 points

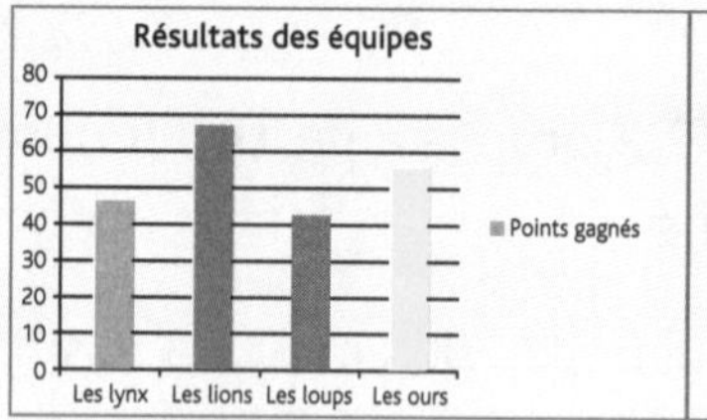

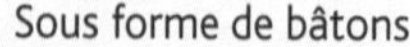

Sous forme de bâtons.

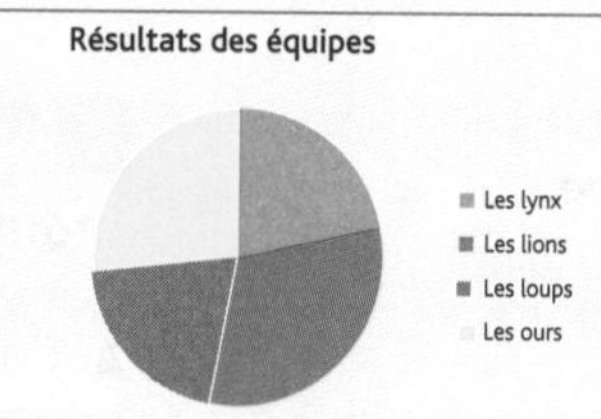

Sous forme de camembert.

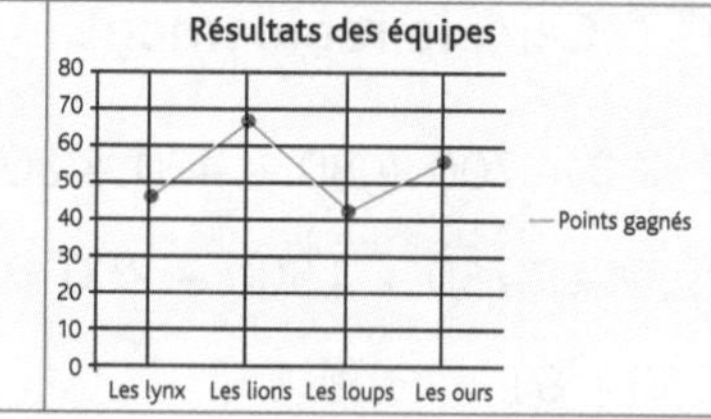

Sous forme de courbe.

On t'explique

Bien lire un graphique

■ Repère bien **le titre et la légende** qui t'expliquent ce dont on parle.

■ Grâce aux couleurs, aux formes ou aux courbes, tu peux **mieux lire, comprendre, comparer, calculer…**

■ Ici c'est l'équipe des lions qui a gagné le plus de points : le bâton est le plus haut.

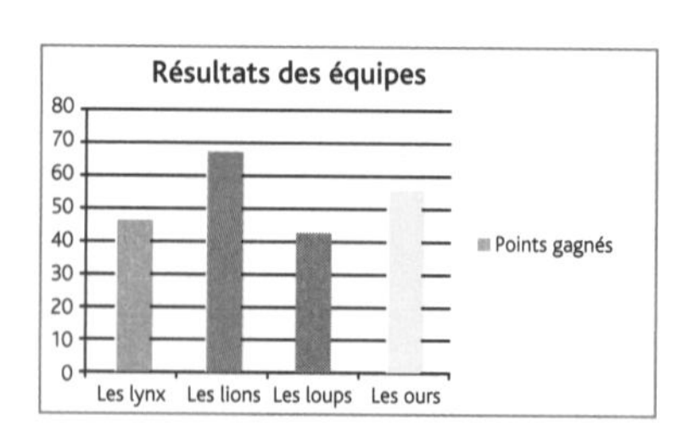

Spécial parents

■ Avec votre enfant, **amusez-vous à repérer ces tableaux ou graphiques** dans son carnet de santé, dans son livre de géographie, au journal télévisé.

■ C'est au cycle 3 que votre enfant sera amené à construire lui-même des tableaux et des graphiques.

Entraine-toi !

1 * Réponds aux questions.

Inscriptions aux ateliers du mercredi			
	Judo	Danse	Échecs
Filles	32	23	24
Garçons	34	19	
TOTAL			57

a. De quoi parle ce tableau ?

....

....

b. Combien de filles vont faire du judo ? et combien de garçons ?

....

....

c. Combien de garçons sont inscrits à la danse ?

....

d. Combien d'enfants vont faire des échecs ?

....

2 ** Utilise le tableau de l'exercice 1 pour calculer et répondre.

a. Calcule le nombre total d'enfants qui feront de la danse.

....

b. Calcule le nombre total d'enfants qui feront du judo.

....

c. Calcule le nombre de garçons inscrits aux échecs.

....

d. Calcule le nombre total d'enfants inscrits aux ateliers.

....

3 ** Observe ce graphique en camembert et réponds par Vrai ou Faux.

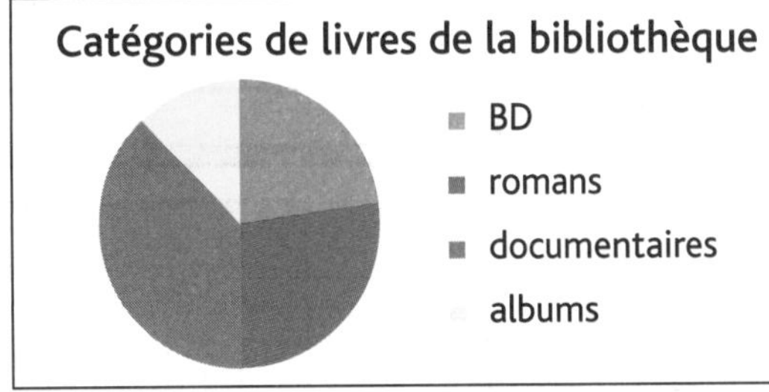

a. Les romans sont les plus nombreux. ....

b. Les albums arrivent au dernier rang. ....

c. Les documentaires sont plus nombreux que les BD. ....

Observe ce graphique et réponds aux questions.

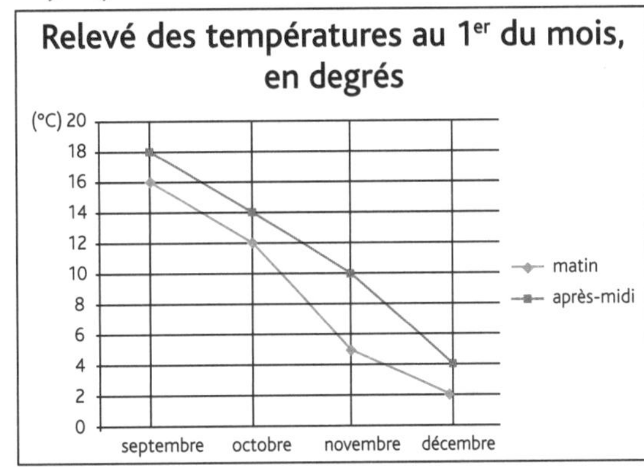

a. À quel moment de la journée fait-il le plus froid ?

....

b. Quel est le mois le plus chaud ?

....

c. Quelle température a-t-on relevé le 1er novembre le matin ? l'après-midi ?

....

d. Quelle était la température le 1er octobre en matinée ?

....

Bravo ! Maintenant, les tableaux et les graphiques n'ont plus de secret pour toi.

CORRIGÉS P. 22 Guide parents

Se repérer dans l'espace

Avec Inès et Hugo

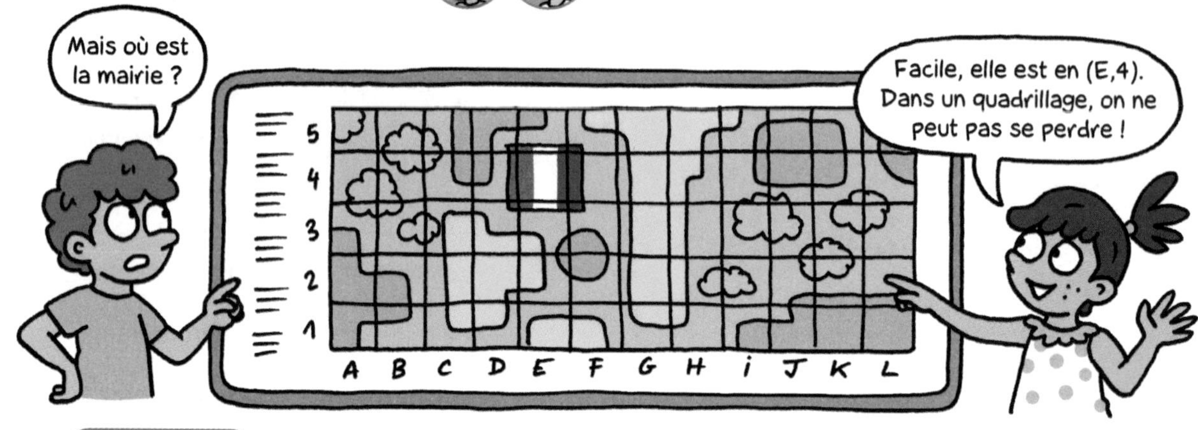

La leçon

- **Pour se repérer dans l'espace**, on utilise des **quadrillages** : ils permettent grâce à leur **codage** de mieux se situer sur un plan, une carte…

On place des chiffres et des lettres au bout des lignes verticales et horizontales : en les croisant, on peut repérer une **case** ou un **point** et indiquer les **coordonnées**.

– **Cases** :

3
2 ★
1
A B C

L'étoile se trouve en (B, 2).

– **Nœuds** :

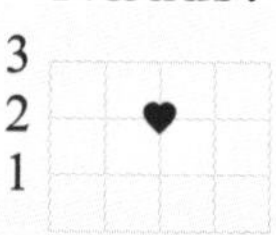

Le cœur se trouve en (B, 2).

- **On a besoin aussi de se repérer** dans un quadrillage, pour reproduire ou compléter des figures géométriques.

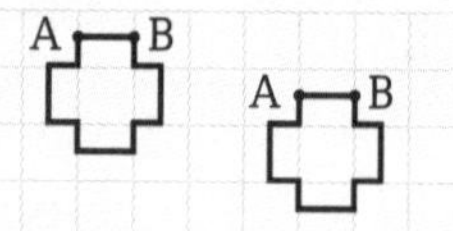

On t'explique

Reproduire une figure

- **Pour reproduire une figure dans un quadrillage**, aide-toi des carreaux :
  – Les carrés sont identiques car ils ont 2 carreaux de côtés.
  – Le toit de la maison rejoint un sommet du carré.
  – Le petit carré est placé sur un côté du carré à droite.

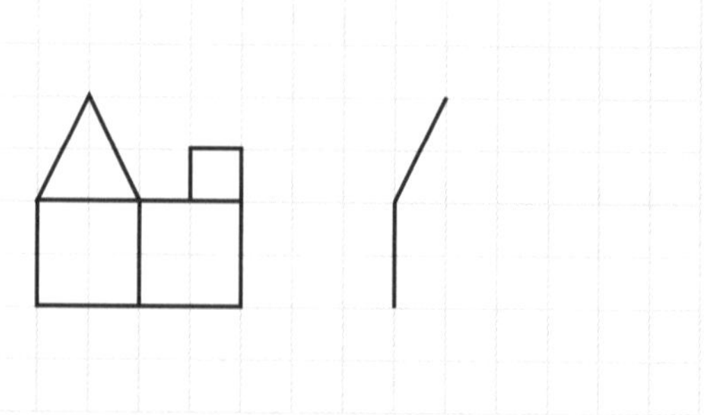

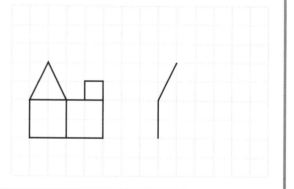

Spécial parents

- **Entrainez votre enfant à lire des plans et des cartes.** En géométrie, il est essentiel de savoir se repérer et de maitriser le vocabulaire de l'espace.

Entraine-toi !

1 * **Observe et réponds par Vrai ou Faux.**

a. Le cochon est à droite de la souris. ....

b. Le chat est en dessous de l'oiseau. ....

c. Le chien est à la gauche du chat. ....

d. Le chien devra faire deux pas à droite puis deux pas vers le bas pour rejoindre le cochon.

....

2 ** **Place les points (a, b, c, d) sur les nœuds du quadrillage. Relie-les et indique le nom de la figure que tu viens de tracer.**

a = (C, 6)   b = (A, 4)   c = (C, 2)   d = (E, 4)

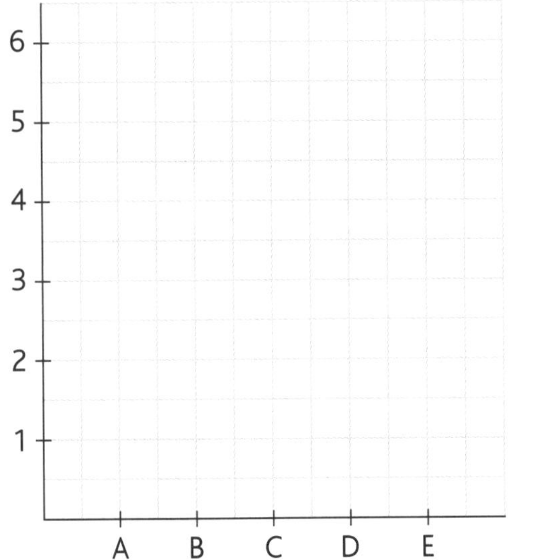

Nom de la figure : ....

3 *** **Reproduis cette figure sur l'autre quadrillage.**

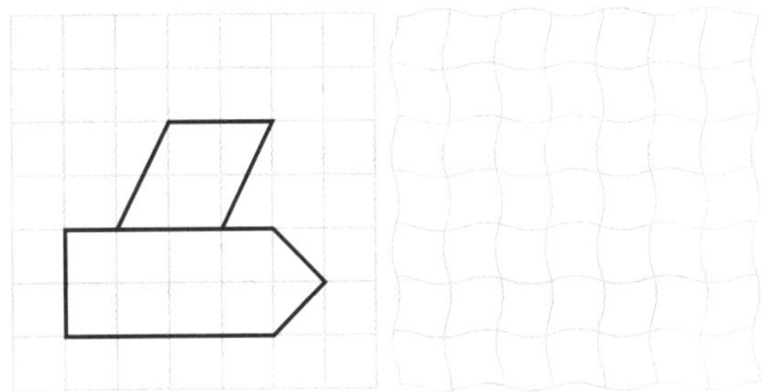

EXO DÉFI **Voici le plan d'une ville. Observe-le attentivement avant de répondre aux questions.**

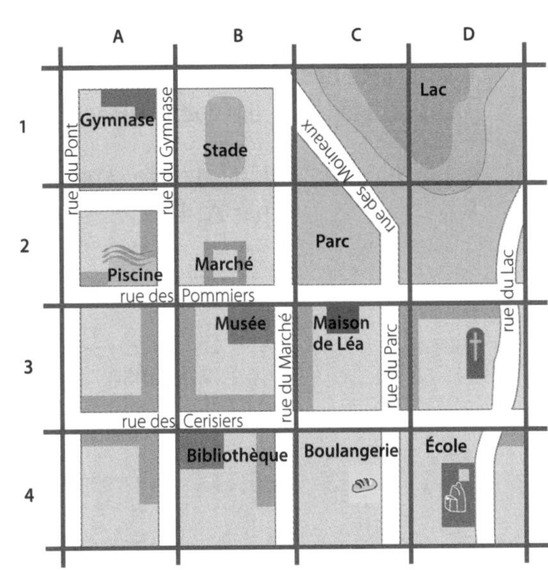

a. Indique les coordonnées :

du parc : ....   du gymnase : ....

de l'école ....   de la boulangerie : ....

b. Léa habite rue des Pommiers : elle veut se rendre à l'école. En sortant de chez elle, elle tourne à gauche ou à droite ? ....

c. Elle a donné rendez-vous à une amie en (A, 2) : que va-t-elle y faire à ton avis ? ....

Bravo ! Maintenant, tu sais utiliser des quadrillages.

14

Espace et géométrie

Le vocabulaire et les instruments de la géométrie

Avec Inès et Hugo

La leçon

■ **En géométrie**, on utilise des **instruments** pour avoir des tracés précis : le **compas** pour les **cercles**, la **règle** pour les **droites**, l'**équerre** pour les **angles droits**…
On utilise aussi un **vocabulaire** particulier :

Un **point** A	Une **droite** *d* passant par A, B et C	Un **segment** [AB]	E **milieu** de [AB]
× A	A B C (*d*) Les points A, B et C sont **alignés.**	A———B	A—E—B

On t'explique

Utiliser les instruments de la géométrie

■ **Pour tracer**, lis bien la consigne, utilise un crayon bien taillé et ta règle.
Trace un segment [CD] de 4 cm de longueur.

Marque son milieu F.

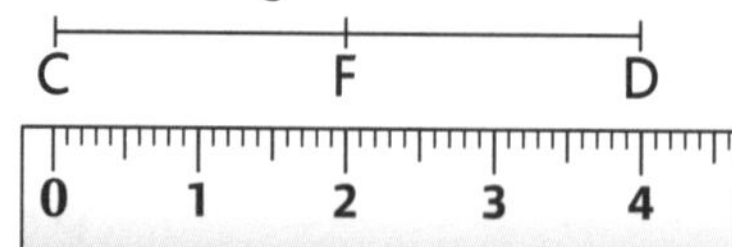

■ **Pour reproduire une figure**, observe-la bien et prends les instruments qui t'aideront.
Ici, on a besoin d'une équerre et d'un compas.

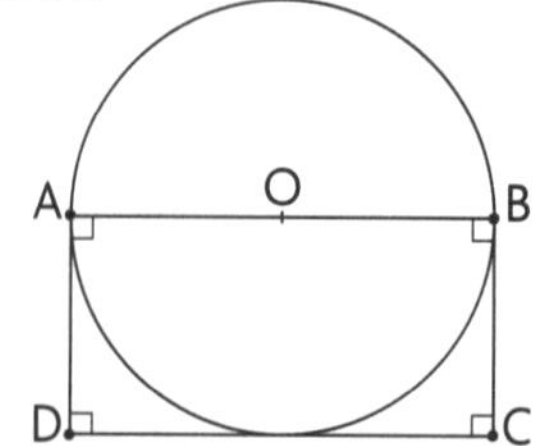

Spécial parents

■ **La géométrie est souvent perçue comme difficile**, car elle demande de l'attention et de la précision. Mais elle peut permettre de créer des formes complexes en partant de quelques tracés et se transformer en jeu ou en création.

Entraine-toi !

1 * Réponds par Vrai ou Faux, puis vérifie avec ta règle.

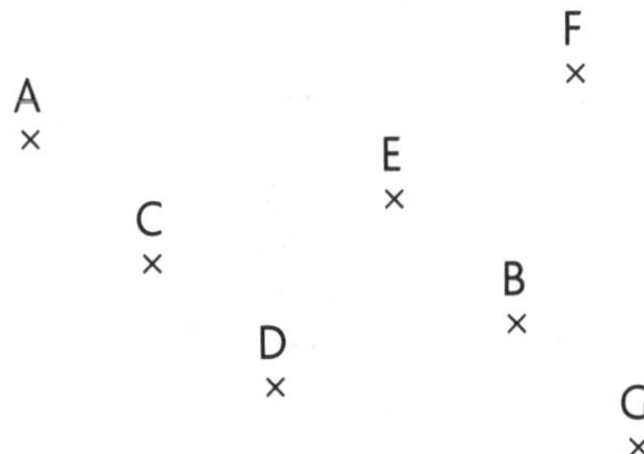

a. ABD sont alignés : ....

b. ACD sont alignés : ....

c. EBG ne sont pas alignés : ....

d. DEB ne sont pas alignés : ....

2 * Observe cette figure et complète les phrases avec les mots suivants :

un segment – un point – une droite – le milieu

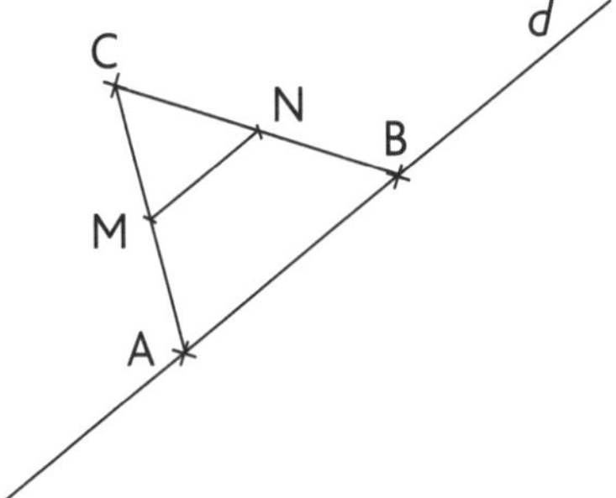

a. *d* est ....

b. C est ....

c. [CB] est ....

d. M est .... de [CA].

3 ** De quels instruments as-tu besoin pour construire cette figure ?

J'ai besoin de ....

....

....

....

4 ** Trace un segment [AB] de 6 cm. Place U le milieu de [AB]. Trace une droite E passant par U.

5 * Reproduis cette figure sur une feuille à part avec tes instruments.**

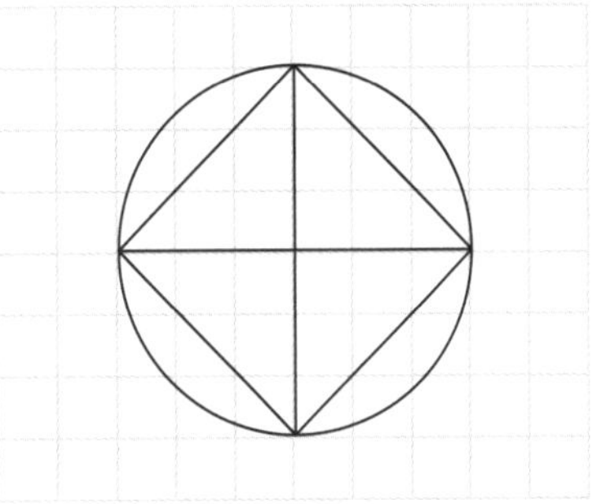

Sans utiliser ta règle, avec quel instrument peux-tu savoir quel segment est le plus long ?

Avec ....

A ——— B
C ——— D
E ——— F
G ——— H

Lequel est-ce ? ....

Bravo ! Maintenant, tu es devenu(e) incollable sur le vocabulaire et les instruments de la géométrie.

15

Espace et géométrie

L'angle droit

Avec Inès et Hugo

La leçon

- **Lorsque deux droites se croisent, elles forment des angles.**
- **L'angle droit est un angle « repère ».**
On le trace et on le vérifie avec une équerre.
- **Lorsque deux droites se croisent** en formant un **angle droit**, on dit que ces droites sont perpendiculaires.

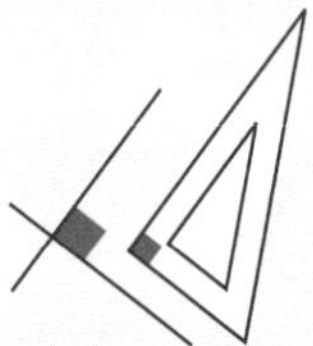

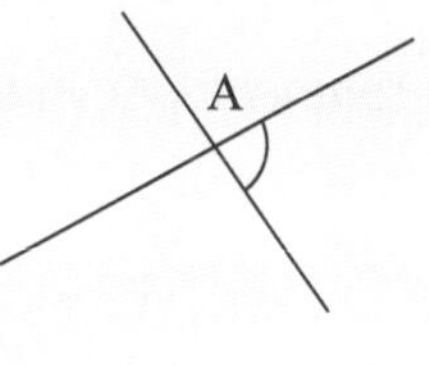

On t'explique

Utiliser l'angle droit

- Tu vas utiliser ton **équerre** pour construire des **droites perpendiculaires** :

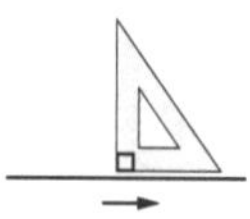

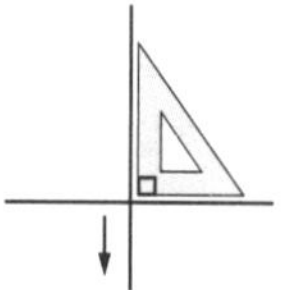

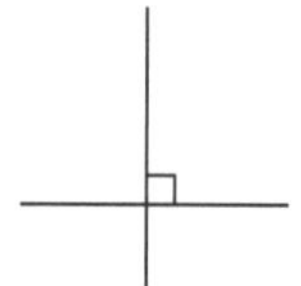

- L'**angle droit** est aussi présent dans des **polygones** comme :

le carré

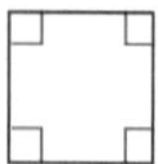

le rectangle

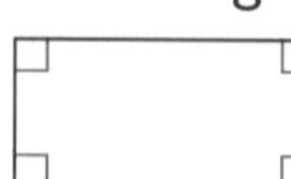

le triangle rectangle

Spécial parents

- **Nous sommes entourés d'angles droits** (fenêtres, portes, meubles…), faites-le remarquer à votre enfant.
- **Le maniement d'outils géométriques** (équerre, règle, compas…) est encouragé dans les programmes mais les mesures d'angles seront vues au collège.

Entraine-toi !

1 * Indique quelles sont les droites perpendiculaires.

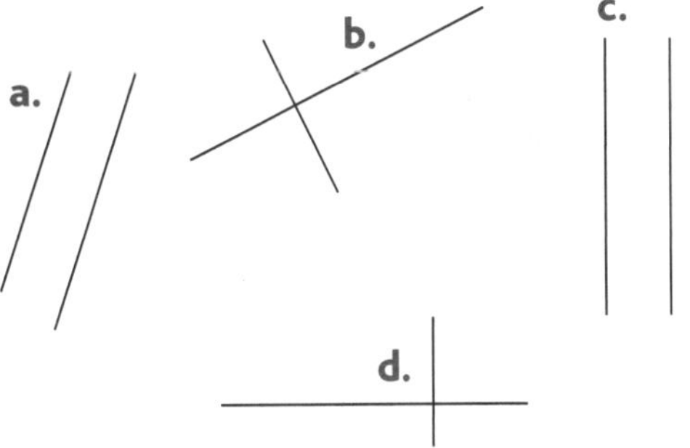

2 ** Avec ton équerre, repère les angles droits et entoure-les.

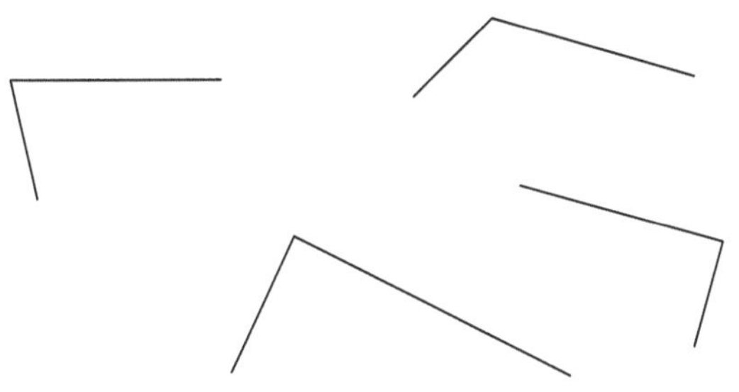

3 ** Écris Vrai ou Faux.

a. Un carré a deux angles droits:

....

b. Un rectangle a quatre angles droits:

....

c. On trace un angle droit avec un compas:

....

d. On repère un angle droit avec une équerre:

....

4 *** Dans cette figure, combien comptes-tu d'angles droits ?

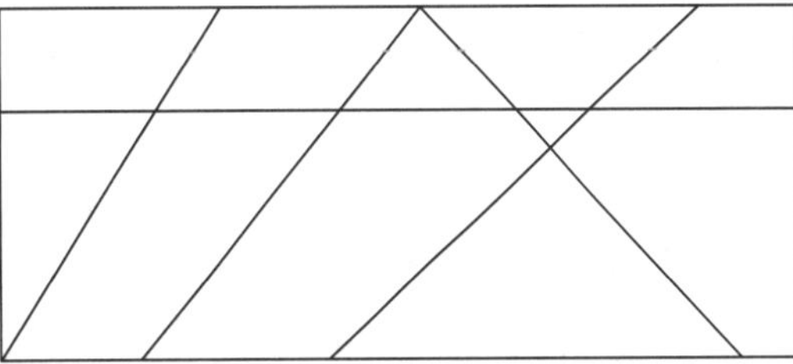

Il y a .... angles droits.

5 *** Trace une droite D_2 perpendiculaire à cette droite.

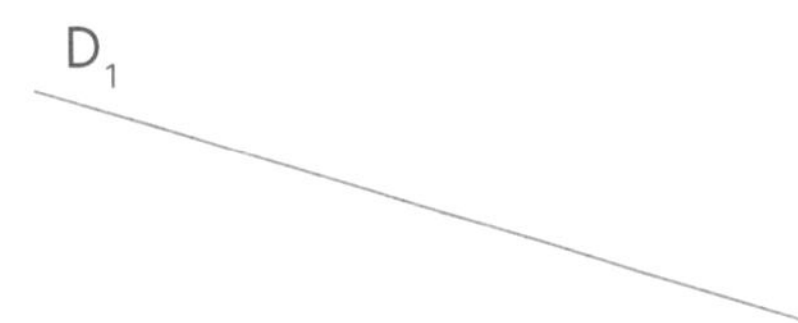

Avec ta règle et ton équerre, termine ce rectangle.

Bravo ! Tu maitrises
ce qu'est l'angle droit.

16 Espace et géométrie

Les polygones

Avec Inès et Hugo  

La leçon

« Triangle » commence comme « trois » : 3 côtés.
« Quadrilatère » commence comme « quatre » : 4 côtés.

- **Les polygones sont des figures géométriques** dont tous les côtés sont des segments de droite.

Ce polygone a 5 **côtés**, 5 **sommets** et 5 **angles**.

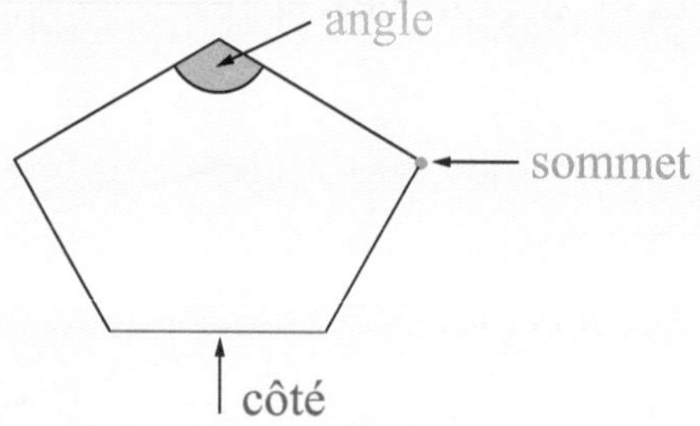

On t'explique

Connaitre les polygones

- **Pour distinguer les familles de polygones, compte leurs côtés :**
  - les **triangles** ont 3 **côtés**,
  - les **carrés** et les **rectangles** (quadrilatères) ont 4 **côtés**,
  - les **autres polygones** ont **plus de** 4 **côtés**.

- **Pour tracer un polygone**, utilise toujours ta règle et ferme ta figure.

Attention ! Ces deux figures ne sont pas des polygones.

Spécial parents

- **Les enfants connaissent déjà les polygones.** En CE2, on veille à la bonne manipulation de la règle et à la précision du trait.
- **Faites identifier à votre enfant les polygones et les non-polygones** qui l'entourent : le rectangle de la porte, l'hexagone du miroir, le rond de la table…
- **Pentagone** = 5 côtés **Hexagone** = 6 côtés **Octogone** = 8 côtés

Entraine-toi !

1 * Colorie toutes les figures qui sont des polygones.

a.

b.

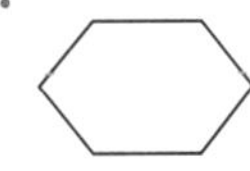

c.

d.

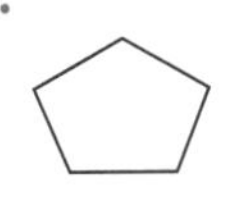

e.

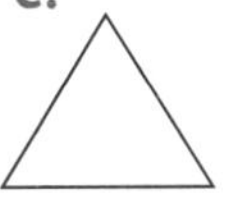

f.

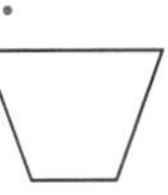

g.

h.

i.

2 ** Observe cette figure et complète le tableau avec les mots *triangle* ou *quadrilatère*.

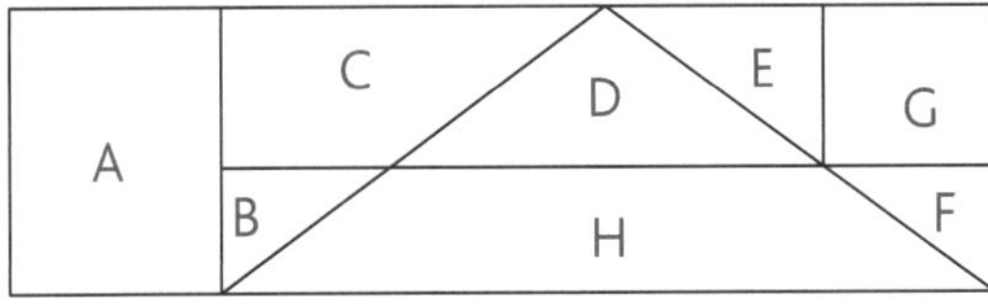

	Côtés	Famille
A	*4*	*quadrilatère*
B		
C		
D		
E		
F		
G		
H		

3 *** En utilisant les carreaux, trace un triangle, un polygone à 4 côtés et un polygone à 6 côtés.

Combien de carrés et de rectangles vois-tu dans cette figure ?

Attention, un polygone peut être formé de plusieurs polygones ! Entoure la bonne réponse.

a. 4
b. 5
c. 9

Combien de triangles vois-tu dans la figure ci-dessous ?

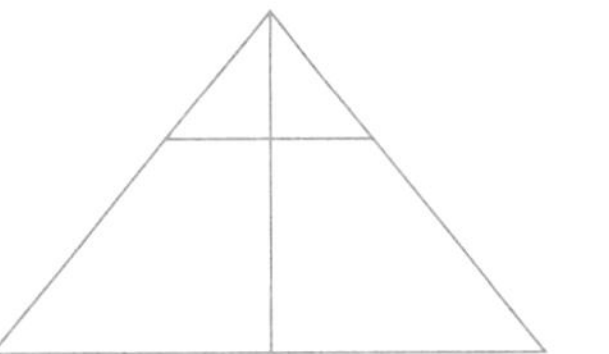

……

Bravo ! Maintenant, les polygones n'ont plus de secret pour toi.

17

Espace et géométrie

Carrés, rectangles et triangles

Devinette : j'ai 4 côtés et j'en ai 2 de même longueur. Qui suis-je ?
Ta devinette est incomplète. Regarde, tu peux être un carré ou un rectangle...
Bon, j'ai 4 angles droits et 4 côtés égaux. Ça va mieux comme ça ?
Oui ! C'est CARRÉment mieux !

La leçon

- **Le carré et le rectangle sont des polygones particuliers :**

  – le **carré** a 4 côtés égaux et 4 angles droits ;

  – le **rectangle** a 4 angles droits, les côtés sont parallèles deux à deux et égaux deux à deux.

- **Pour tracer un carré ou un rectangle**, tu as besoin de connaitre la longueur de leurs côtés.

Les côtés du carré et du rectangle sont parallèles entre eux, l'écartement entre eux est le même partout.

Ne confonds pas un rectangle et un carré : seul le carré a quatre côtés égaux.

On t'explique

Connaitre des triangles différents

- **Le triangle a 3 côtés qui peuvent être égaux ou non, 3 sommets et 3 angles :**

Le triangle quelconque a 3 côtés de longueurs différentes.	Le triangle rectangle a un angle droit.

Spécial parents

- **Au CE2, on demande aux enfants de savoir distinguer les figures géométriques** à l'aide de propriétés et non plus « au coup d'œil ».
- **Votre enfant connait déjà le carré, le rectangle et le triangle depuis le CP** ; au CE2, son vocabulaire s'étoffe avec les termes « côtés », « angles », « parallèle ».

Entraine-toi !

1 * Colorie les polygones particuliers.

a. b. c. d. e. f. g.

Indique lequel est un carré : ....

c. est un ....,

e. est un ....

2 * Colorie tous les triangles rectangles. Vérifie leur angle droit avec ton équerre.

3 ** Sur ce quadrillage, trace un carré en rouge, un rectangle en bleu et un triangle en vert.

4 ** Réponds par Vrai ou Faux.

a. Un triangle rectangle a deux côtés perpendiculaires. ....

b. Un carré a 4 côtés égaux. ....

c. Un rectangle a 4 angles droits. ....

d. Un rectangle a tous ses côtés parallèles.

....

5 * Continue la construction de ce carré et de ce rectangle.**

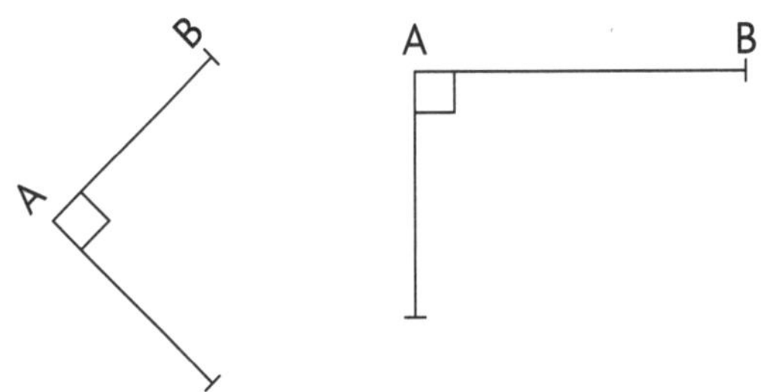

Sur ce quadrillage, trace un rectangle de 4 cm de longueur et de 2 cm de largeur sans oublier de tracer en vert et bleu les côtés parallèles entre eux. Place un point au milieu de chacune de ses longueurs. Relie ces quatre points.

En reliant leurs deux sommets, quelles nouvelles figures vas-tu obtenir ?

....

Bravo ! Maintenant, tu connais les propriétés des carrés, des rectangles et des triangles.

Français Maths Histoire Ens. moral et civique Géographie Sciences Anglais

Le cercle

Avec Inès et Hugo 

Oh, un compas ! Tu parles d'un cadeau !

Tu plaisantes ! Tu vas pouvoir **tracer des cercles, comparer des longueurs**, inventer des rosaces...

Dis, tu me le prêteras ?
Je crois que je vais le garder !

La leçon

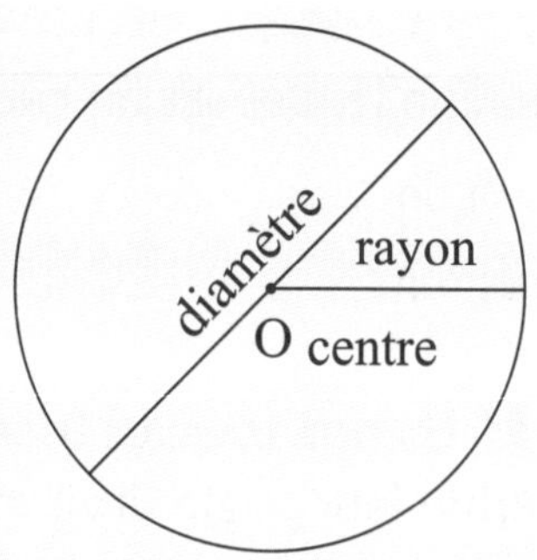

- **Un cercle est une figure géométrique qui a un centre.**
C'est une ligne courbe formée par tous les points situés à la même distance du centre.
Ce cercle est de centre O : ici, il a un **rayon** de 2 cm et un **diamètre** de 4 cm.

Pour tracer un cercle, on utilise un compas.

- **Un disque** est un cercle plein.

On t'explique

Utiliser un compas

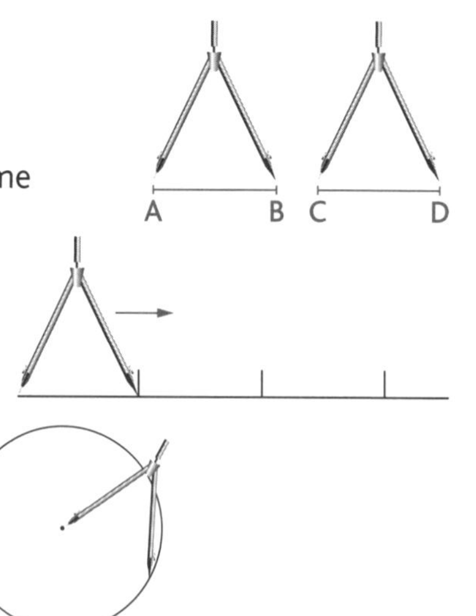

- **Tu peux utiliser le compas pour :**
  - **comparer des longueurs**
  Regarde si l'écartement de ton compas est le même pour les deux segments : ici [AB] et [CD] ont la même longueur.
  - **reporter des longueurs**
  Utilise alors le même écartement de ton compas.
  - **tracer un cercle**
  La pointe du compas est le **centre**, l'écartement de ton compas est le **rayon**, ton cercle sera donc deux fois plus grand car **le diamètre est le double du rayon**.

Spécial parents

- **Votre enfant confond souvent la longueur du rayon et celle du diamètre :** il a tendance à penser que l'écartement du compas correspond au diamètre du cercle et, bien souvent, il trace des cercles trop grands. C'est en traçant des cercles qu'il maitrisera les notions de rayon et de diamètre.

Entraine-toi !

1 * **Mesure ces segments en utilisant ton compas, puis repasse d'une même couleur ceux qui ont la même longueur.**

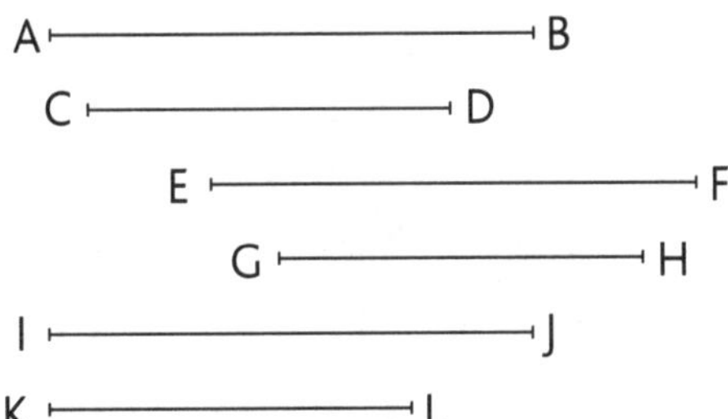

2 ** **Mesure le rayon de ces cercles et l'écartement des compas. Colorie de la même couleur le cercle et le compas qui a permis de le tracer.**

a. b. c.

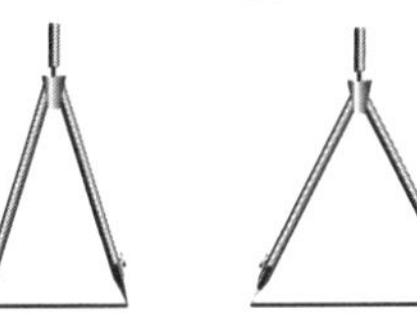

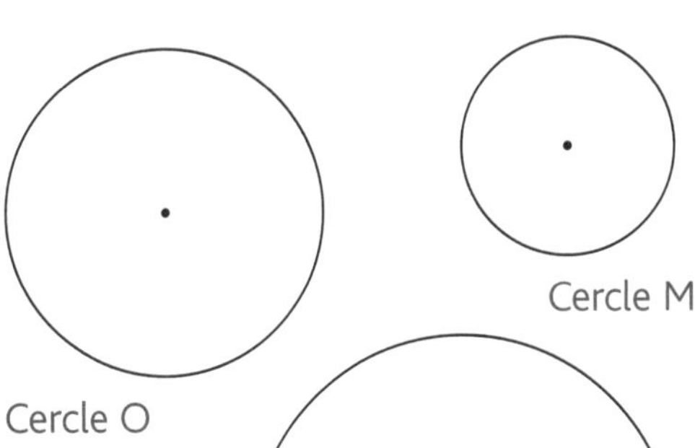

Cercle P

3 ** **Complète le tableau.**

	Rayon	Diamètre
Cercle A	5 cm	....
Cercle B	....	8 cm
Cercle C	13 cm	....

4 *** **Trace un cercle de 2 cm de rayon à partir du centre O.**

Reproduis sur une feuille cette figure en respectant la longueur des rayons.

rayon [AB] = 6 cm
rayon [BC] = 4 cm
rayon [CD] = 2 cm

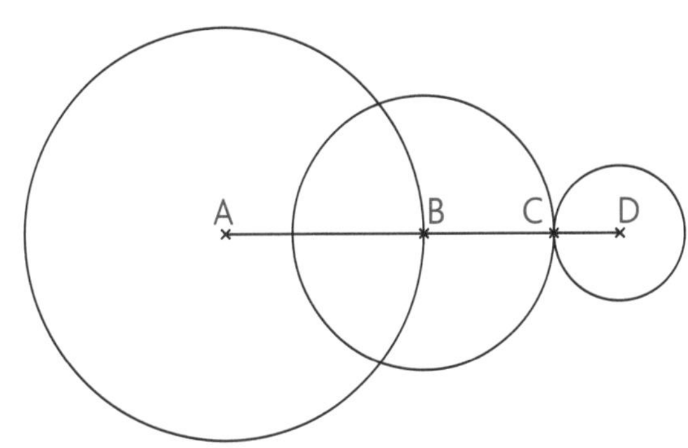

Bravo ! Tu es devenu(e) incollable sur le cercle.

Des figures symétriques

Avec Inès et Hugo

Regarde, il y a une tente qui n'est pas comme les autres.
Oui, c'est la tente orange qui n'est pas symétrique par rapport à son ouverture.
La géométrie est partout...
Même en vacances !

La leçon

- **Certaines figures sont symétriques :** elles ont un **axe de symétrie** par rapport auquel les deux parties sont identiques.
- **Certaines figures ont plusieurs axes de symétrie.**

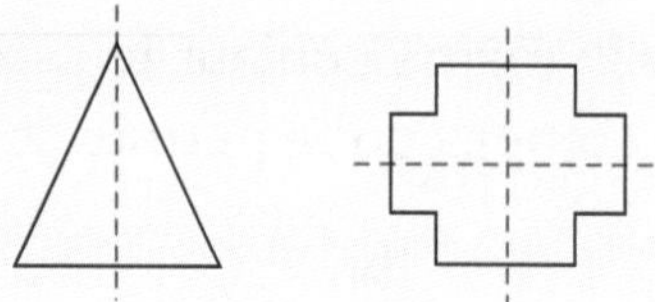

On t'explique

Repérer les axes de symétrie et construire une figure

- **Pour trouver les axes de symétrie**, procède par pliage : chaque partie doit se superposer à l'autre.
Le carré a **4** axes de symétrie.

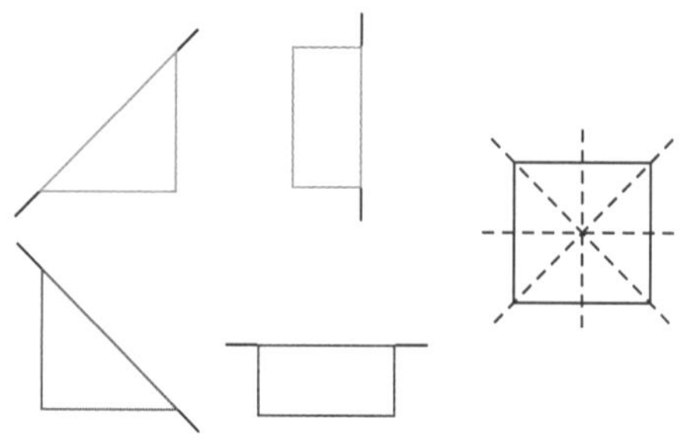

- **Pour construire une figure symétrique**, repère l'axe et aide-toi du quadrillage.
Commence toujours par placer les sommets de la figure.

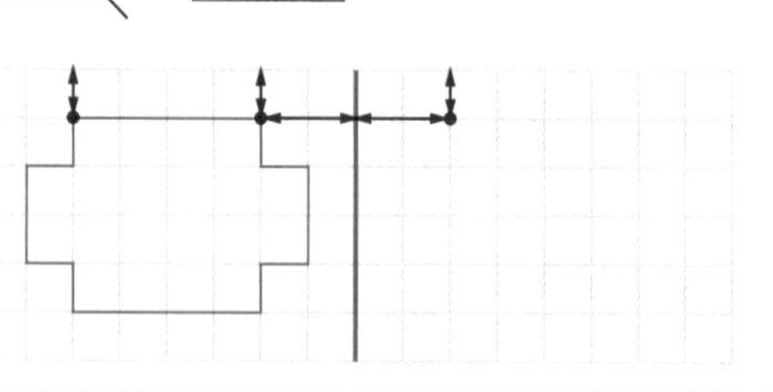

Spécial parents

- **Construire une figure symétrique** revient à construire une figure avec un miroir et à en tracer son reflet. Les enfants ont souvent tendance à confondre la symétrie et la reproduction :

Ici, on a reproduit la figure.

Là, **d** est l'axe de symétrie.

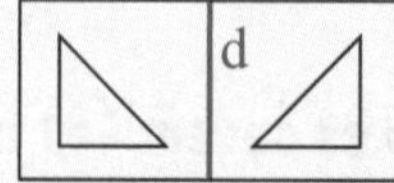

Entraine-toi !

1 * Observe ces figures et trace leurs axes de symétrie quand il y en a.

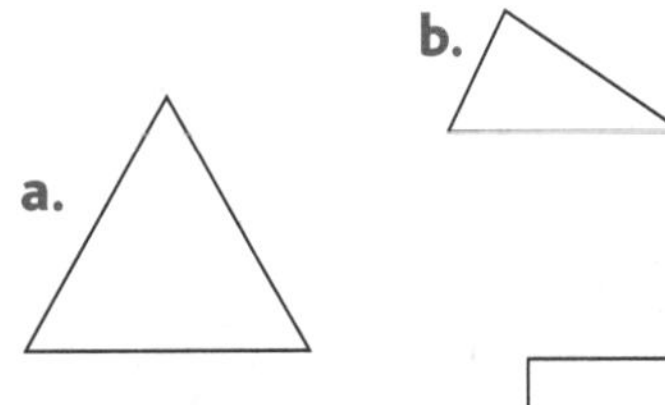

2 ** Complète ce dessin pour qu'il soit symétrique.

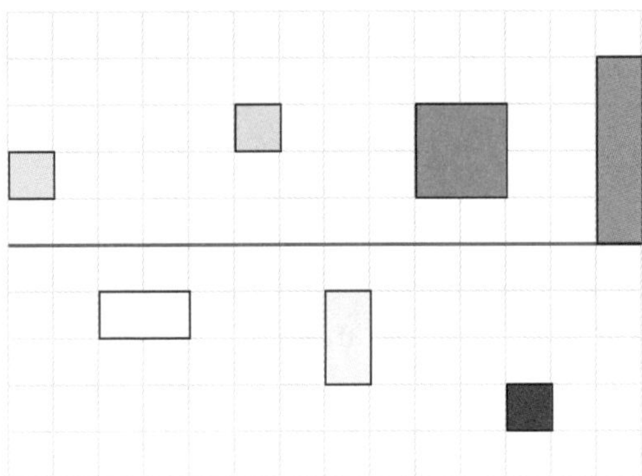

3 ** Construis le symétrique de ces figures.

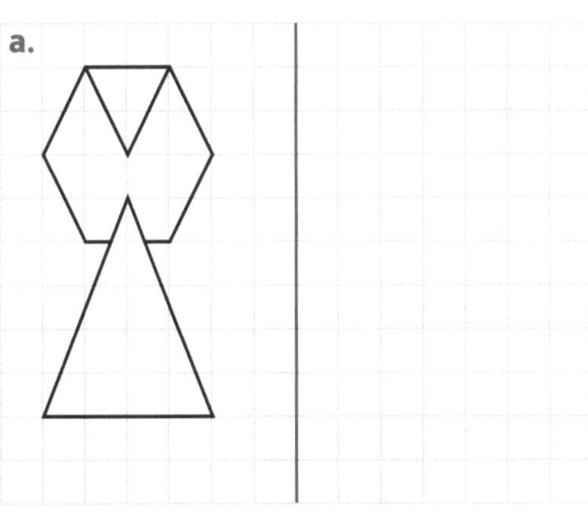

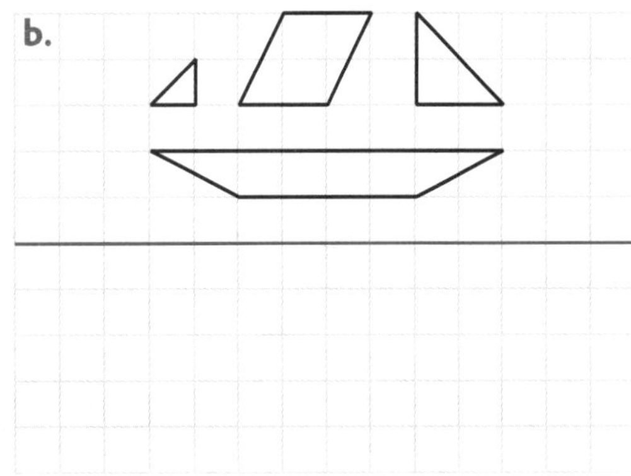

4 *** Trace les symétriques de cette figure en fonction des axes.

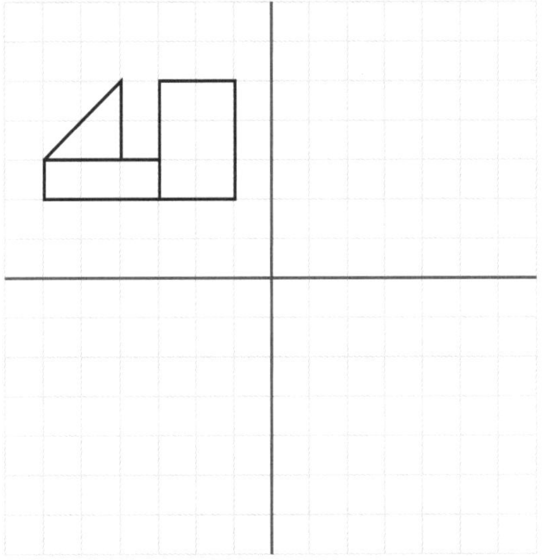

Continue la frise en respectant la symétrie.

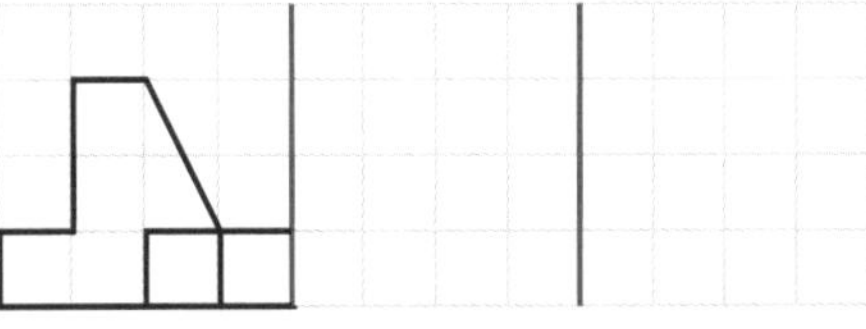

Bravo ! Tu maitrises les figures symétriques.

20

Espace et géométrie

Les solides

Une boite de pâtes, un savon, des oranges, deux glaces...
Un pavé droit, un cube, des boules, deux cônes...
PÂTES

Tiens, tu as oublié la pyramide.
La prochaine fois, tu iras faire les courses toi-même, Cléopâtre !

La leçon

■ **Il existe plusieurs sortes de solides :**

– **les solides à faces planes** : qui ne peuvent pas rouler ;

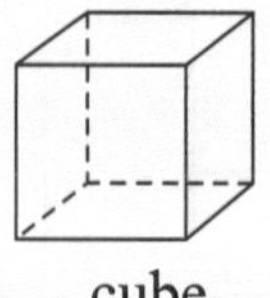

cube

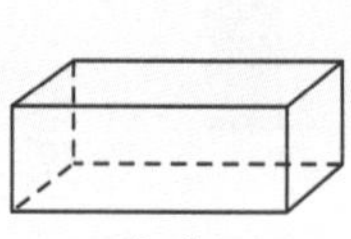

pavé droit

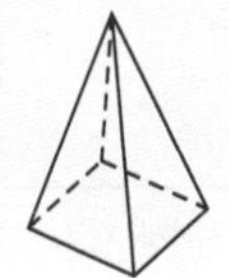

pyramide

– **les solides qui roulent.**

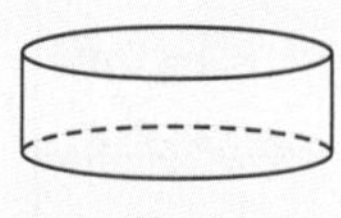

cylindre

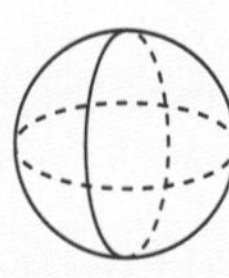

boule

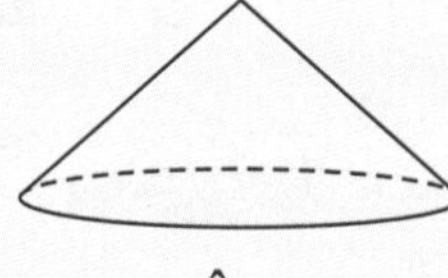

cône

On t'explique

Décrire et construire un solide

■ **Pour décrire un solide, compte ses faces,** ses arêtes, ses sommets.
Le cube a 6 faces, 12 arêtes et 8 sommets.

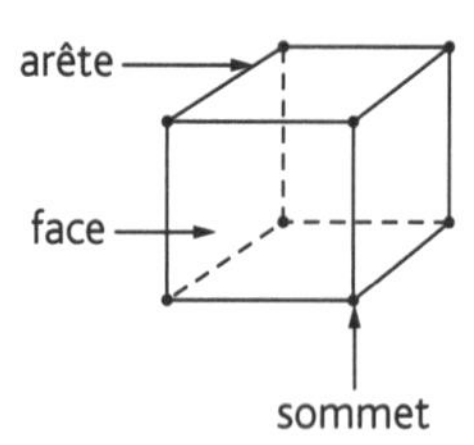

■ **Pour construire un solide, dessine un patron** : c'est un dessin géométrique que l'on peut plier.
Vérifie toujours :
– son nombre de faces,
– la forme de ses faces (carrées ou rectangulaires),
– si le pliage est possible pour que le solide puisse bien se refermer.

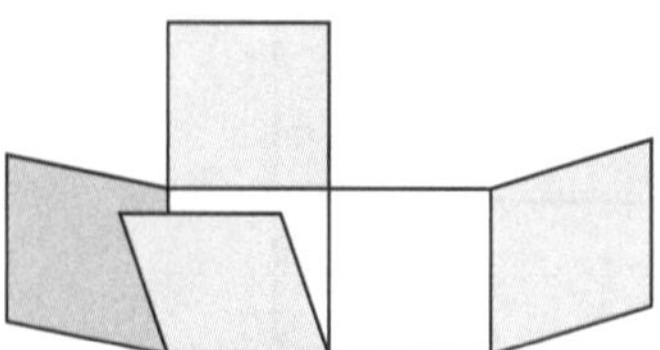

Spécial parents

■ **L'objectif de la géométrie est d'améliorer « la vision dans l'espace ».** Au CE2, la manipulation reste primordiale. Les définitions apparaitront plus tard.

■ **À la maison, démontez avec votre enfant des boites** pour mieux faire comprendre le dessin du patron.

Entraine-toi !

1 * Écris sous chaque objet le nom du solide : *boule, cube, pavé droit, pyramide, cylindre.*

a. .... b. .... c. ....

d. .... e. ....

2 ** Observe les figures et complète le tableau.

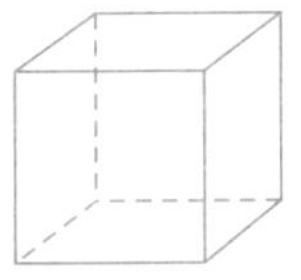
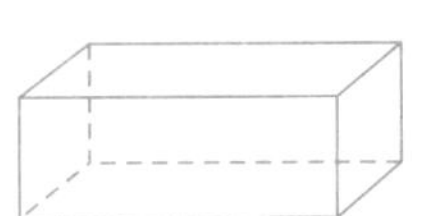

	Cube	Pavé droit
Nombre de faces	6	
Nombre de sommets	8	
Nombre d'arêtes		

3 ** Réponds aux devinettes.

a. Je suis un solide qui roule, j'ai deux faces planes, je suis :

....

b. J'ai 5 sommets, je suis :

....

c. Toutes mes arêtes ont la même longueur, je suis :

....

d. J'ai 6 faces rectangulaires, je suis :

....

4 *** Colorie les patrons du cube en bleu et celui du pavé droit en rouge. Attention à l'intrus.

a.

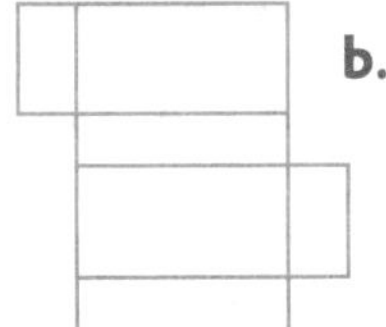

b.

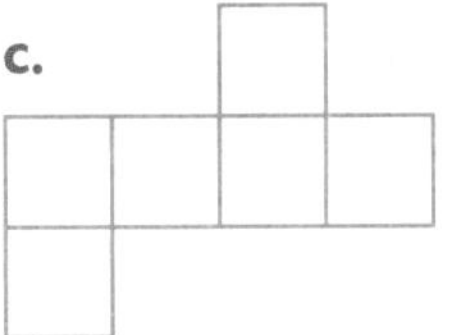

c.

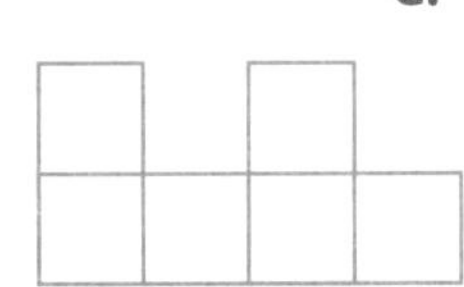

d.

Observe cette figure et remplis sa carte d'identité.

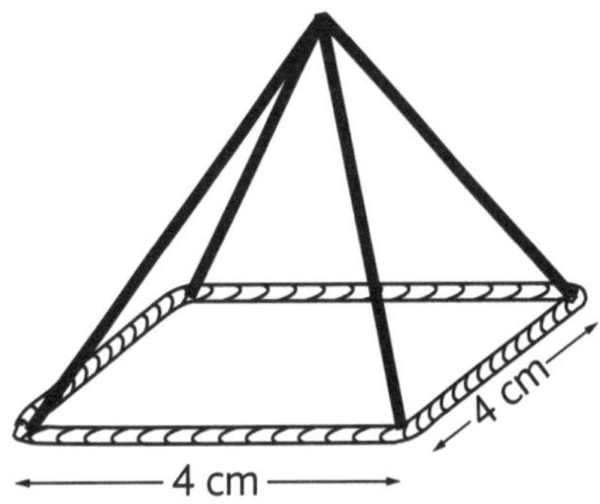

Nom	
Nombre de faces	
Nombre de sommets	
Nombre d'arêtes	
Longueur de la ficelle	
Formes des faces sur le patron	

Bravo ! Maintenant, les solides n'ont plus de secret pour toi.

21 Grandeurs et mesures
Les unités de mesure

Avec Inès et Hugo

Pourquoi tu as un mètre et une balance ?... Où vas-tu avec ?
Je veux juste savoir combien je mesure et combien je pèse.

Choisis le mètre pour ta taille et la balance pour ton poids.
Merci quand même ! Et l'unité de mesure de l'intelligence, ça existe ?

La leçon

■ **Pour mesurer le temps, l'espace, les objets, les quantités de liquides, la température, on se sert des unités de mesure.**

Voici les plus utilisées : elles sont classées de la plus grande à la plus petite.

Unités de mesure			
Durées	**Longueur**	**Monnaie**	**Contenance**
millénaire, siècle, an, mois, semaine, jour, heure, minute, seconde	kilomètre (km) mètre (m) décimètre (dm) centimètre (cm) millimètre (mm)	euro € centime	litre (L) décilitre (dL) centilitre (cL)
		Masse	**Température**
		tonne (t) kilogramme (kg) gramme (g)	degré

On t'explique

Choisir la bonne unité

■ **Choisis les unités en fonction de l'objet** que tu veux mesurer.

Par exemple :
- la taille d'une lampe se mesure en **centimètres**, sa masse en **grammes**,
- la taille d'un camion se mesure en **mètres**, sa masse en **tonnes**.

Spécial parents

■ **C'est dans la vie quotidienne que les problèmes d'unités de mesure se posent :** estimez avec votre enfant le temps d'un dessin animé, la masse (dans la vie courante, on dit « poids ») d'un objet, la longueur d'une ficelle...

Entraine-toi !

1 * Colorie en vert les unités de temps, en rouge les unités de longueur, en jaune les unités de masse.

secondes	kilomètres	mois
siècles	tonnes	kilogrammes
millimètres	semaines	décimètres

2 * Quel instrument utiliserais-tu pour effectuer ces mesures ? Complète avec : *une règle, un thermomètre, une balance, une montre*.

a. la masse d'un livre : ....

b. la longueur d'un bureau : ....

c. le temps d'une promenade : ....

d. la température de l'eau : ....

3 ** Complète les étiquettes avec ces unités de mesures : *litre (L) – mètre (m) – gramme (g) – minute (min)*.

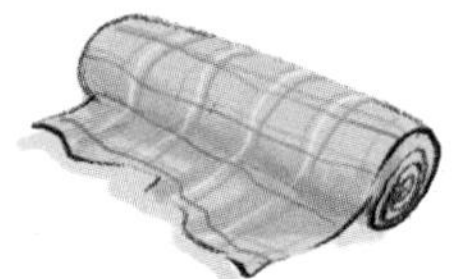

a. 220 .... **b.** 6 ....

c. 180 .... **d.** 6 ....

4 ** Complète ces phrases avec ces unités : *minutes, centimètres, degrés, kilomètres, kilogrammes*.

a. Il ne reste que 12 .... avant la fin du film.

b. Grand-mère habite à une distance de 12 .... de chez nous.

c. Prends ton manteau, il ne fait que 12 ....

d. Tracez sur cette feuille un segment de 12 ....

e. Tu te rends compte, elle a perdu 12 .... depuis l'année dernière !

Écris l'unité de mesure que tu utiliserais pour mesurer :

a. la durée du Moyen Âge :

....

b. la masse d'un dictionnaire :

....

c. la hauteur d'un immeuble :

....

d. le tour de la Terre :

....

e. la contenance d'une baignoire :

....

f. le prix d'un cartable :

....

Bravo ! Maintenant, tu sais choisir l'unité de mesure qui convient.

CORRIGÉS
P. 25
Guide parents

22

Les mesures de longueur

Avec Inès et Hugo

La leçon

■ **L'unité de mesure de longueur est le mètre : m.**
Il existe des unités plus petites ou plus grandes que le mètre :

Ne confonds pas dam = 10 m et dm = 10 cm.

kilomètre km	hectomètre hm	décamètre dam	mètre m	décimètre dm	centimètre cm	millimètre mm
1	0	0	0			
			1	0	0	0

Un kilomètre vaut **1 000 mètres.**
Un mètre vaut **10 dm, 100 cm** ou **1 000 mm.**

■ **Pour comparer des mesures**, on doit les **comparer dans la même unité** :
120 cm et **1 m 18 ➜ 120 cm** et **118 cm ➜** 120 > 118

On t'explique

Adapter la bonne unité

■ Les mesures de longueur sont nombreuses :
– Certaines sont très grandes comme le **kilomètre (km)** : utilise-les pour mesurer **des longues distances**.
– D'autres sont petites comme le **centimètre (cm)** ou minuscules comme le **millimètre (mm)** : sers-toi de ces unités pour tracer des **segments** sur ton cahier.

C'est **important de savoir choisir** celle qui correspond à la longueur que tu veux mesurer.

Spécial parents

■ **Au CE2, votre enfant doit connaitre les unités de longueur usuelles** (km, m, cm, mm), ainsi que des conversions simples (de cm en m, de mm en cm...). Il est important qu'il visualise le tableau complet pour ne pas faire d'erreurs dans ses conversions.

Entraine-toi !

1 * Pour chaque objet, entoure l'unité qui lui convient le mieux.

a.

b.

c.
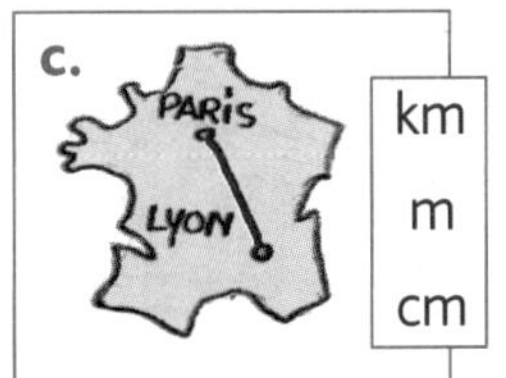

d.
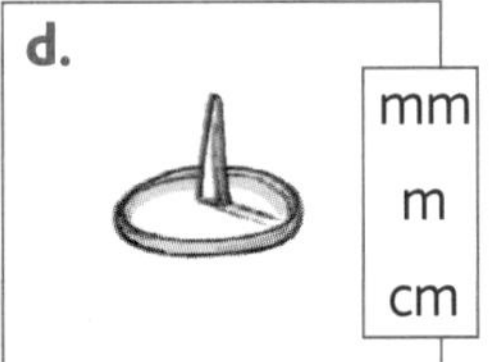

2 ** Convertis ces mesures.

a. 7 000 m = ... km

b. 3 700 m = ... km .... m

c. 500 cm = ... m

d. 680 cm = ... m .... cm

3 ** Mesure le segment [CD] et écris sa mesure en mm puis en cm.

[AB] = 45 mm = 4 cm 5 mm

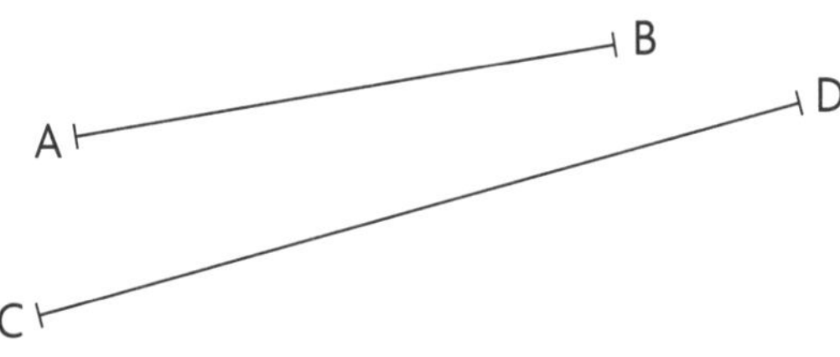

[CD] = ... = ...

4 * Avec ta règle, trace :**

a. un segment [AB] de 5 cm.

b. un segment [CD] de 3 cm et 6 mm.

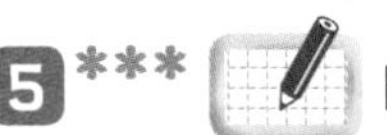

5 * Résous ce problème.**

Elyas et Danis ne sont pas d'accord : Elyas pense qu'il est le plus grand car il mesure 1 m, 1 dm et 7 cm et Danis dit que c'est lui car il mesure 117 cm ? Qui a raison ?

....

....

....

EXO DÉFI

Résous ce problème sur l'ardoise.

Observe cette carte. Calcule la longueur des deux itinéraires et indique celui qui est le plus court pour rejoindre la sortie. Attention aux unités !

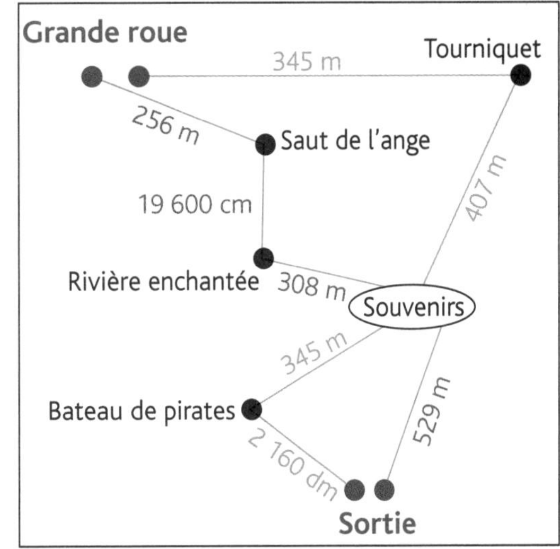

Bravo ! Tu es devenu(e) incollable sur les mesures de longueur.

23 Grandeurs et mesures

Les mesures de durées

Avec Inès et Hugo

La leçon

- **Pour mesurer des durées courtes,** on utilise ces unités :
  - **1 jour** = 24 heures,
  - **1 heure** = 60 minutes,
  - **1 minute** = 60 secondes.

- **Pour des durées plus longues,** on utilise :
  - **la semaine** = 7 jours,
  - **le mois** = 4 semaines = 28, 29, 30 ou 31 jours,
  - **l'année** = 12 mois = 365 jours (ou 366),
  - **le siècle** = 100 ans,
  - **le millénaire** = 1 000 ans.

On t'explique

Lire l'heure

- **Pour lire l'heure, regarde les aiguilles :** la petite indique les heures, la grande indique les minutes, celle qui tourne le plus vite indique les secondes.

Il est **10 h 15**
ou dix heures et quart.

22:15

Le soir, il est **22 h 15**.

Il est **1 h 30**
ou une heure et demie.

13:30

L'après-midi, il est **13 h 30**.

Il est **5 h 45**
ou six heures moins le quart.

17:45

L'après-midi, il est **17 h 45**.

Spécial parents

- **Habituez votre enfant à regarder la pendule de la maison** et à l'utiliser comme un outil. Vous pouvez l'amener par exemple à jouer avec le minuteur du four : il est 12 h 15, on le programme pour une durée de 15 minutes. À quelle heure va-t-il sonner ?

Entraine-toi !

1 * **Convertis ces unités.**

a. 1 semaine = ... jours

b. 2 jours = ... heures

c. 1 millénaire = ... ans

d. 2 heures = ... minutes

e. 120 secondes = ... minutes

f. 360 minutes = ... heures

2 ** **Entoure en bleu si c'est le matin et en vert si c'est l'après-midi.**

a. 10:57 **b.** 15:10

c. 8:40 **d.** 13:50

3 ** **Complète les minutes.**

a. Il est 15 h ....

b. Il est midi ....

c. Il est 7 h ....

d. Il est 17 h ....

e. Il est 21 h ....

f. Il est 12 h ....

4 ** **Observe ce calendrier et réponds aux questions.**

JANVIER						
Lundi	Mardi	Mercredi	Jeudi	Vendredi	Samedi	Dimanche
			1	2	3	4
5	6	7	8	9	10	11
12	13	14	15	16	17	18
19	20	21	22	23	24	25
26	27	28	29	30	31	

a. Quel jour correspond au 6 janvier ? ....

b. Combien comptes-tu de lundis ? ....

c. Marguerite part en vacances du 8 au 22 janvier : combien de temps vont durer ses vacances ? ....

5 *** **Résous ce problème.**

Léo a mis son gâteau au four à six heures moins le quart. Son gâteau doit cuire pendant 45 minutes. **À quelle heure devra-t-il le sortir du four ?**

....

Dessine les aiguilles.

a.

Il est 5 h 20.

b.

Il est 19 h 40.

c.

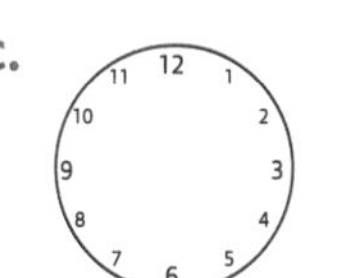

Il est minuit 5.

d.

Il est 14 h 15.

Bravo ! Tu maitrises les mesures de durées.

La monnaie

Avec Inès et Hugo

15 euros 25 centimes ? Mais, c'est trop cher ! Je n'ai que 10 euros et 58 centimes !
Moi, j'ai 5 euros et 42 centimes. On va calculer.
Bon, les centimes avec les centimes : 58 c + 42 c = 100 c.
100 c, ça fait un euro. Donc, on a : 10 + 5 + 1 = 16 euros. On peut se l'offrir !
Elle n'est pas belle la vie ?

La leçon

■ **En France, on utilise les pièces et les billets en euros :**

100 centimes = 1 euro

On t'explique

Calculer la monnaie

■ **Faire de la monnaie, c'est échanger des pièces ou des billets pour la même somme :**

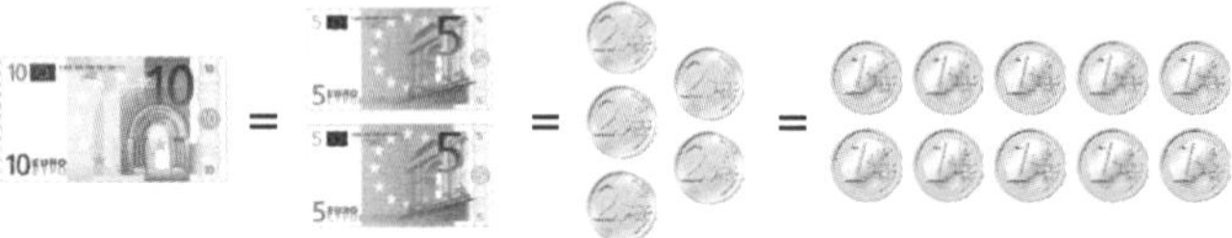

■ **Pour vérifier la monnaie** que l'on te rend, **procède par étapes** :
Si tu achètes un jouet à 27 € 50 et que tu donnes un billet de 50 € à la vendeuse, combien te rendra-t-elle ?
Complète d'abord les centimes (50 c), puis les euros (22 euros).

Sur 50 €, la vendeuse te rendra **22 € 50 centimes.**

Spécial parents

■ **La meilleure façon de maitriser la monnaie, c'est de l'utiliser** dans la vie quotidienne. Votre enfant comprendra ainsi facilement l'écriture décimale (écriture des nombres à virgule) sans même l'avoir apprise :
12,56 € = 12 € 56 centimes.

Entraine-toi !

1 * Calcule la somme d'argent que contient chaque portemonnaie. Entoure le prénom de l'enfant qui a le plus d'argent.

a. Lina a : ....

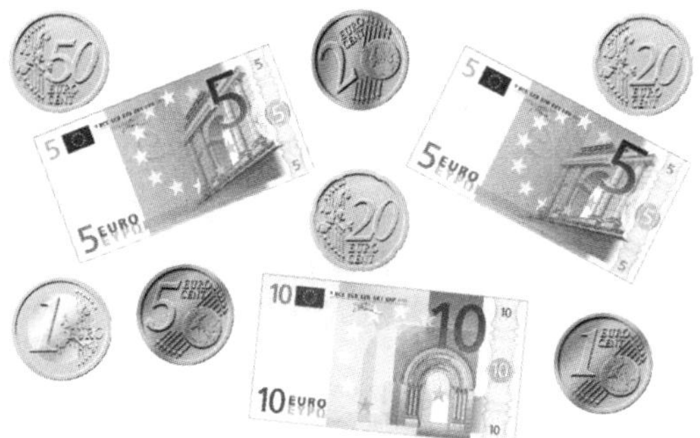

b. Noé a : ....

2 * Change ces centimes en euros.

a. ....

b. ....

3 ** Écris cette somme en utilisant le moins de billets et de pièces possible : *356 € 52*.

....

....

....

4 **  Résous ces problèmes.

a. Arthur a acheté 7 timbres à 86 centimes.
Combien a-t-il dépensé ?

....

b. Pour faire un gâteau, Laurie doit acheter du sucre glace à 2 € 85, une tablette de chocolat à 2 € 45 et une tablette de beurre à 1 € 95.
Aura-t-elle assez avec 9 euros ?

....

....

c. Julien s'achète un CD à 21 € 50.
Il donne deux billets de 20 euros.
Combien lui rendra-t-on ?

....

 Complète le tableau.

Billet donné	Prix du produit	Monnaie rendue
50 €	35 € 45	....
.... €	45 € 78	54 € 22
200 €	....	167 € 20

Bravo ! Maintenant, la monnaie n'a plus de secret pour toi.

25

Grandeurs et mesures

Les mesures de masse et de contenance

Avec Inès et Hugo

Mais, il pèse une tonne ce sac !
Tu exagères ! Juste 5 kg.

Quand on arrive, je bois 10 litres d'eau !
Tu exagères encore ! Juste 50 cL.

Arrête de me contredire tout le temps !

La leçon

■ **Pour mesurer des masses, l'unité est le kilogramme : kg.**
On utilise aussi le **gramme (1 000 g = 1 kg)** ou la **tonne (1 t = 1 000 kg).**

masse = 1 g

DICO

masse = 1 kg

masse = plus d'une tonne

■ **Pour mesurer des contenances, l'unité est le litre : L.**
Pour des contenances plus petites, on utilise le **centilitre (100 cL = 1 L)** et le **décilitre (10 dL = 1 L).**

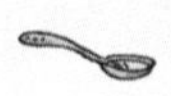

1 centilitre d'eau

1 décilitre de jus d'orange

1 litre d'eau

On t'explique

Mesurer une masse et une contenance

■ **Pour mesurer la masse d'un objet**, place-le sur un des deux plateaux d'une balance, puis place des masses marquées sur l'autre plateau.
Quand les deux plateaux sont à l'horizontale, tu connais la masse de l'objet en additionnant toutes les masses marquées.

2kg
500g
50g

Ce sac pèse **2 kg et 550 g**.

■ **Pour mesurer des contenances, utilise un verre gradué.**

Spécial parents

■ **Au cycle 3**, votre enfant découvrira les tableaux de conversion.
■ **À la maison, faites découvrir à votre enfant de nouvelles mesures :** le mg sur les boites de médicaments, le cL sur le verre gradué en cuisine...

Entraine-toi !

1 * **Relie à l'unité qui convient :**

a. La masse d'un cartable • • 3 cL
b. La contenance d'un verre • • 3 L
c. La masse d'un paquet de café • • 300 g
d. La contenance d'un seau • • 3 kg

2 ** **Combien pèsent ces objets ?**

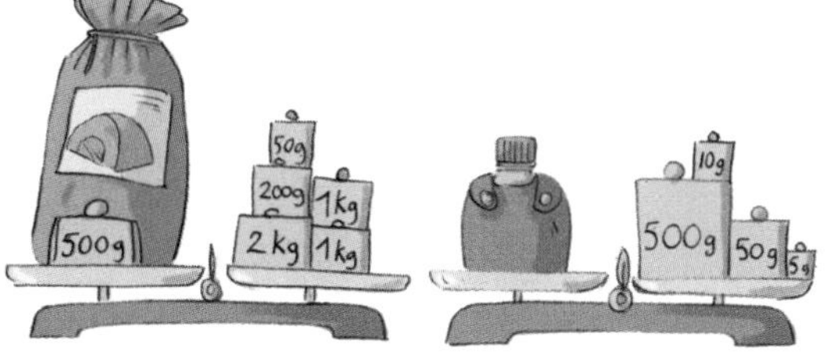

a. .... b. ....

c. .... d. ....

3 *** **Résous les problèmes.**

a. Un ascenseur peut supporter la charge de 250 kg. **Est-ce que 6 personnes de 60 kg peuvent prendre cet ascenseur ensemble ?**

....

....

b. La gourde d'Éric peut contenir 1 litre : il en a déjà bu 4 dL.
Combien lui reste-t-il d'eau en dL ?

....

....

c. Pour une recette, on demande de mélanger 300 g de farine et 5 œufs.
Combien va peser le saladier, sachant qu'un œuf pèse 70 g ?

....

....

4 *** **Calcule puis réponds à la question.**

Cocktail de fruits !
80 cL de jus d'orange
50 cL de jus d'ananas
2 cL de grenadine

Ce récipient pourra-t-il contenir le cocktail ? Dis pourquoi.

....

Résous ce problème.

Dans son sac, Anne a une tente qui pèse 3 400 g, un duvet qui pèse 460 g, trois casseroles de 500 g et une trousse à pharmacie qui pèse 290 g.
Combien de grammes pèse le sac d'Anne ?

....

....

....

Bravo ! Maintenant, tu sais utiliser les mesures de masse et de contenance.

CORRIGÉS
P. 25
Guide parents

Bilan Nombres

Dénombrer et lire des nombres

1 Quel nombre correspond à cette quantité ?

a. ☐ 5 427
b. ☐ 4 572
c. ☐ 4 527

.... /1

2 Que représente le chiffre 4 dans le nombre 5 421 ?

a. ☐ 4 unités.
b. ☐ 4 dizaines.
c. ☐ 4 milliers.
d. ☐ 4 centaines.

.... /1

3 Combien y a-t-il de centaines dans le nombre 1 782 ?

a. ☐ 1
b. ☐ 7
c. ☐ 17
d. ☐ 172

.... /1

Écrire et décomposer des nombres

4 Le nombre 4 305 s'écrit :

a. ☐ quatre-mille-cinq-cent-trente.
b. ☐ quatre-mille-trente-cinq.
c. ☐ quatre-mille-trois-cent-cinq.

.... /1

5 4 305 peut s'écrire :

a. ☐ $(5 \times 1000) + (4 \times 100) + (3 \times 10) + 5$.
b. ☐ $(4 \times 1000) + (3 \times 100) + (0 \times 10) + 5$.
c. ☐ $(4 \times 1000) + (5 \times 100) + (3 \times 10) + 5$.

.... /1

6 **4 305 peut s'écrire :**

a. ☐ 300 + 50 + 400.

b. ☐ 3000 + 35 + 10000.

c. ☐ 4000 + 5 + 300.

.... /1

Repérer, intercaler, encadrer, comparer et ranger des nombres

7 **Quel est le nombre qui vient juste après 6 599 ?**

a. ☐ 6699

b. ☐ 6700

c. ☐ 6600

.... /1

8 **4850 peut se placer entre :**

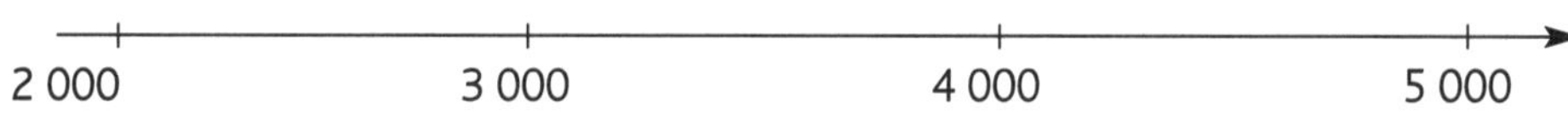

a. ☐ 2000 et 3000.

b. ☐ 3000 et 4000.

c. ☐ 4000 et 5000.

.... /1

9 **Regarde cette liste :**

4900 – 3999 – 4125 – 5001 – 4304 – 4306

Les nombres inférieurs à 4305 sont :

a. ☐ 4900 – 5001 – 4306.

b. ☐ 3999 – 4125 – 4304.

c. ☐ 4900 – 4304 – 3999.

.... /1

10 **4305 est supérieur à :**

a. ☐ $(2 \times 1000) + (3 \times 100) + (5 \times 10) + 9$.

b. ☐ $(4 \times 1000) + (4 \times 100) + (5 \times 10) + 0$.

c. ☐ $(4 \times 1000) + (3 \times 100) + (5 \times 10) + 0$.

.... /1

TOTAL .... /10

Bilan Calculs

Additionner, soustraire, multiplier

1 4 567 + 8 + 389 =

a. ☐ 464
b. ☐ 2 006
c. ☐ 4 964

.... /1

2 9 067 – 3 451 =

a. ☐ 516
b. ☐ 5 606
c. ☐ 5 616

.... /1

3 60 × 40 =

a. ☐ 1 000
b. ☐ 240
c. ☐ 2 400

.... /1

4 12 × 30 =

a. ☐ 36
b. ☐ 360
c. ☐ 150

.... /1

Multiplier par 10, 20, 100, 200…

5 Quel est le multiplicateur de cette opération ?

300 × ... = 9 000

a. ☐ 10
b. ☐ 300
c. ☐ 30

.... /1

Utiliser la division

6 **Le problème qui utilise la division est :**

a. ☐ Un éléphant mange 120 kilos d'herbe par semaine.
Combien lui en faut-il par jour ?

b. ☐ Une girafe mesure 421 cm, elle mesure 157 cm de plus que son girafon.
Combien mesure-t-il ?

c. ☐ Pour chasser, une lionne a parcouru 17 km le soir et 6 le matin.
Combien de kilomètres a-t-elle parcourus ?

.... /1

7 **59 : 7 =**

a. ☐ (7 × 8) + 3 **b.** ☐ (6 × 7) + 7 **c.** ☐ (7 × 7) + 5

.... /1

Calculer mentalement

8 **Quel est le double de 245 ?**

a. ☐ 500 **b.** ☐ 490 **c.** ☐ 450

.... /1

9 **Que manque-t-il à 480 pour aller à 1 000 ?**

a. ☐ 280 **b.** ☐ 620 **c.** ☐ 520

.... /1

10 **Complète avec le signe et le nombre qui conviennent.**

a. ...

9	63
4	28
30	210

b. ...

64	32
32	16
6	3

c. ...

45	15
115	85
35	5

.... /1

TOTAL
.... /10

Bilan Espace et géométrie

Se repérer dans l'espace

1 Dans ce quadrillage, quel point est placé en (F, 4) ?

a. ☐ Y

b. ☐ W

c. ☐ X

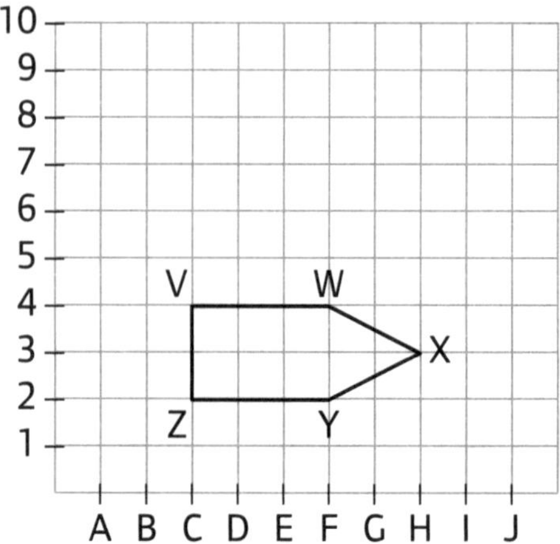

.... /1

Utiliser le vocabulaire et les instruments de la géométrie

Observe cette figure pour répondre aux questions.

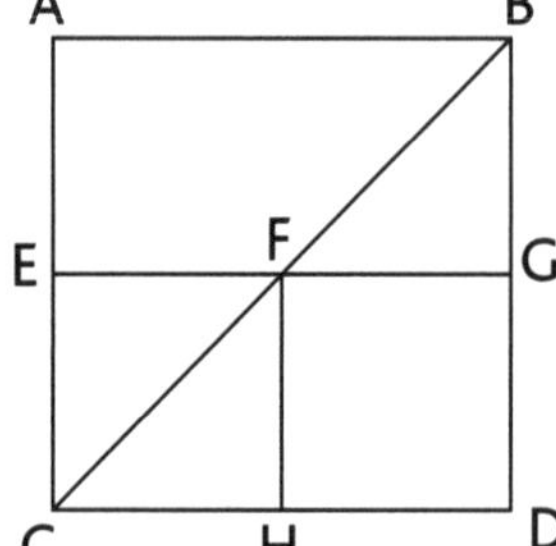

2 Quels instruments a-t-on utilisé pour la tracer ?

a. ☐ Une règle.

b. ☐ Une règle et un compas.

c. ☐ Une règle et une équerre.

.... /1

3 Quel point est le milieu du segment [CB] ?

a. ☐ Le point F.

b. ☐ Le point G.

c. ☐ Le point H.

.... /1

Identifier des figures géométriques et des solides

4 On reconnait un polygone :

a. ☐ parce qu'il a 4 côtés.

b. ☐ parce qu'il est fermé.

c. ☐ parce qu'il est tracé à la règle et fermé.

.... /1

5 **Sur la figure p. 130, quelle figure est formée par les points ABC ?**

a. ☐ Un triangle.
b. ☐ Un carré.
c. ☐ Un rectangle.

.... /1

6 **Un rectangle est un polygone qui a :**

a. ☐ 4 côtés et 4 angles droits.
b. ☐ 3 côtés et 1 angle droit.
c. ☐ 4 côtés égaux et 4 angles droits.

.... /1

7 **Sur cette figure, comment s'appelle le segment [AB] ?**

a. ☐ Le diamètre.
b. ☐ Le rayon.
c. ☐ Le centre.

A O B

.... /1

Identifier des figures symétriques

8 **Combien d'axes de symétrie possède cette figure ?**

a. ☐ 1
b. ☐ 2
c. ☐ 5

.... /1

Identifier les solides

9 **Quel solide n'a pas de sommets ?**

a. ☐ la pyramide.
b. ☐ le cube.
c. ☐ le cylindre.

.... /1

10 **Un solide qui a 6 faces carrées s'appelle :**

a. ☐ un pavé droit.
b. ☐ un cube.
c. ☐ une pyramide.

.... /1

TOTAL
.... /10

CORRIGÉS
P. 25
Guide parents

Bilan Grandeurs et mesures

Mesurer des longueurs

1 **Quelle est la plus petite mesure de longueur que tu utilises ?**

a. ☐ Le cm.

b. ☐ Le dm.

c. ☐ Le mm.

.... /**1**

2 **Pour mesurer la longueur de la cour de récréation, tu choisirais de mesurer en :**

a. ☐ m.

b. ☐ dm.

c. ☐ km.

.... /**1**

3 **Quelle est la mesure équivalente à 3 km ?**

a. ☐ 300 cm.

b. ☐ 3000 m.

c. ☐ 3000 mm.

.... /**1**

Mesurer le temps

4 **Combien d'années y a-t-il dans un siècle ?**

a. ☐ 10 ans.

b. ☐ 1000 ans.

c. ☐ 100 ans.

.... /**1**

5 **Si nous sommes un lundi 14 octobre, quel jour serons-nous 9 jours plus tard ?**

a. ☐ Lundi 21 octobre.

b. ☐ Lundi 23 octobre.

c. ☐ Mercredi 23 octobre.

.... /**1**

6 Une émission commence à 18 h 40, elle dure 35 minutes. Elle finit à :

a. ☐ 19 h 15.
b. ☐ 19 h 25.
c. ☐ 19 h 35.

.... /1

Compter la monnaie

7 Quelle pièce n'existe pas ?

a. ☐ 2 euros
b. ☐ 4 euros
c. ☐ 1 euro

.... /1

8 Tom a 39 € et 50 centimes. Combien lui manque-t-il pour s'acheter un livre à 50 € ?

a. ☐ 11 €
b. ☐ 10 € 50
c. ☐ 11 € 50

.... /1

Mesurer des masses et des contenances

9 Combien pèse l'objet A ?

a. ☐ 725 g
b. ☐ 575 g
c. ☐ 625 g

.... /1

10 Quelle est la contenance de cette bouteille en dL ?

a. ☐ 150 dL
b. ☐ 15 dL
c. ☐ 1 500 dL

.... /1

TOTAL .... /10

1

Histoire • Questionner le temps

La lecture d'une frise

Avec Inès et Hugo

La leçon

Les siècles peuvent aussi s'écrire en chiffres romains.

- **Une frise chronologique** est un ruban qui découpe le temps en périodes.
- En histoire, on utilise une frise historique **pour marquer les grands évènements, les dates, les personnages, les inventions...**
- Une frise historique est **découpée en siècles** (un siècle = 100 ans).

On t'explique

Lire une frise historique

- **Notre calendrier commence à la naissance de Jésus-Christ**, mais notre histoire débute bien avant.

Les Gaulois — La naissance de Jésus-Christ — Moyen Âge

4e s. av. J.-C.	3e s. av. J.-C.	2e s. av. J.-C.	1er siècle avant Jésus-Christ	1er siècle après Jésus-Christ	2e s. ap. J.-C.	3e s. ap. J.-C.	4e s. ap. J.-C.	5e s. ap. J.-C.	6e s. ap. J.-C.	7e s. ap. J.-C.	8e s. ap. J.-C.	9e s. ap. J.-C.	10e s. ap. J.-C.	11e s. ap. J.-C.

- **Il y a donc des périodes avant Jésus-Christ et après Jésus-Christ** :
  - au 4e siècle avant Jésus-Christ vivaient les Gaulois ;
  - au 5e siècle après Jésus-Christ débutait le Moyen Âge.
- **Pour trouver le siècle à partir d'une date**, prends le nombre de centaines d'années dans la date et ajoute-lui 1.

1789 → 17 + 1 → 1789 est au 18e siècle.

Spécial parents

- **Le 1er siècle a commencé en l'an 1 et s'est terminé à la fin de l'an 100.** Le 2e siècle a duré de 101 à 200... et notre 21e siècle a débuté en 2001 et se finira en 2100 !
- **Pour que votre enfant prenne conscience de l'échelle du temps**, fabriquez avec lui la frise de votre famille (en prenant exemple sur l'exercice 1, p. 135).

Entraine-toi !

1890 | 1920 | 1940 | 1960 | 1980 | 2000

A B C D E F Hugo

1 * Observe cette frise et associe les lettres aux évènements.

a. Guerre de 1914-1918 : .... b. Naissance d'Hugo : ....

c. Naissance de la mère d'Hugo : .... d. Guerre de 1939-1945 : ....

e. Naissance du grand-père d'Hugo en 1947 : .... f. Naissance de l'arrière-grand-mère d'Hugo : ....

Écris Vrai ou Faux.

a. Cette frise est celle du 20e siècle. ....

b. Le grand-père d'Hugo a connu la guerre de 1939-1945. ....

c. L'arrière-grand-mère d'Hugo a connu les deux guerres. ....

d. La mère d'Hugo est née en 1980. ....

e. Hugo est né en 1990. ....

2 ** Place sur cette frise les lettres correspondant aux évènements.

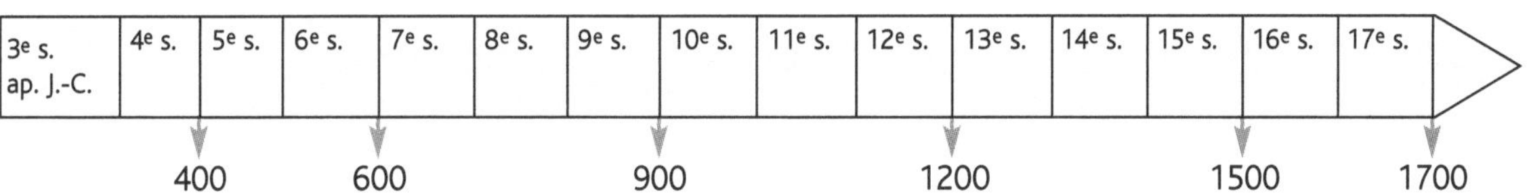

A : En l'an 800, Charlemagne devient empereur.

B : En 1643, naissance de Louis XIV.

C : En 1492, Christophe Colomb découvre l'Amérique.

D : En 1163, c'est le début de la construction de Notre-Dame de Paris.

EXO DÉFI Relie les habitats à leur siècle, puis à leur période historique.

- 1er siècle
- 13e siècle
- 17e siècle

- L'Antiquité
- Les Temps modernes
- Le Moyen Âge

Bravo ! Maintenant, tu sais te repérer sur une frise.

Les grandes périodes de l'Histoire

Avec Inès et Hugo

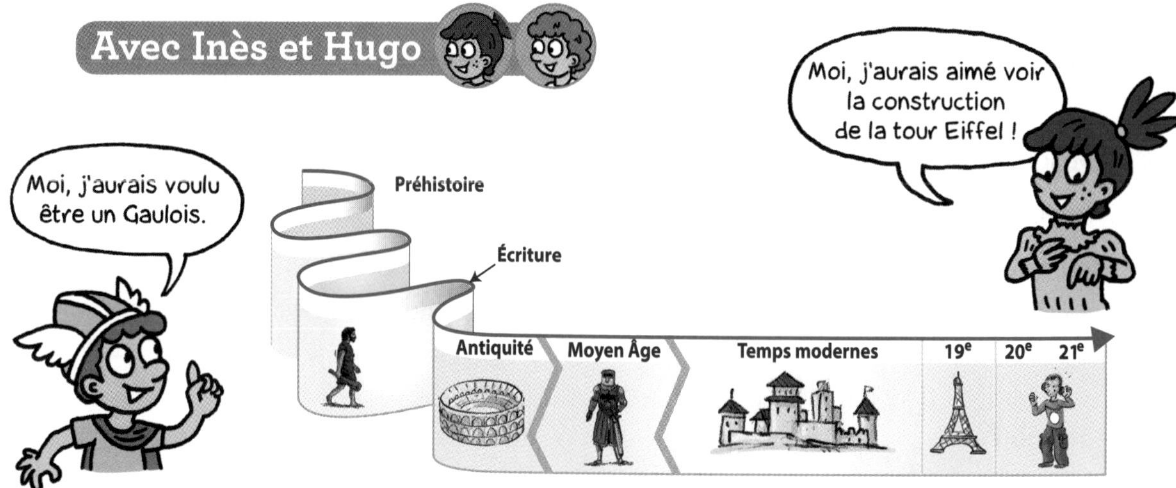
Moi, j'aurais voulu être un Gaulois.
Moi, j'aurais aimé voir la construction de la tour Eiffel !
Préhistoire
Écriture
Antiquité
Moyen Âge
Temps modernes
19e
20e
21e

La leçon

On divise l'Histoire en six périodes qui se suivent :

- **La Préhistoire :** l'apparition et l'histoire des premiers hommes.
- **L'Antiquité :** les grandes civilisations (les Grecs, les Romains, les Gaulois, etc.)
- **Le Moyen Âge :** l'époque des châteaux forts et des chevaliers.
- **Les Temps modernes :** le temps des rois de France et des châteaux.
- **Les révolutions du 19e siècle :** l'époque des révolutions et des inventions.
- **Les 20e et 21e siècles :** le temps des présidents de la République.

On t'explique

Bien connaitre les grandes périodes de l'Histoire

- **Chaque période a ses dates**, ses personnages, ses inventions, ses évènements et ses habitudes de vie.
- **Pour se repérer dans le temps**, il faut bien connaitre les grands repères de l'Histoire.

La Préhistoire — L'Antiquité — Le Moyen Âge — Les Temps modernes — Les révolutions et le 19e siècle — Le 20e siècle

500 — 1500 — 1800 — 1900 — 2000

Apparition de l'écriture (env. 3 500 av. J.-C.)

Construction de châteaux forts (à partir du 12e siècle)

Construction du château de Versailles (à partir de 1662)

Invention du train (1re locomotive à vapeur en 1804)

21e siècle

Invention d'Internet (env. 1990)

Spécial parents

- **Au CE2, l'Histoire se construit peu à peu** et reste plus proche du mode de vie que du côté politique. Les évènements et les personnages historiques seront vus plus en détail au cycle 3.

Entraine-toi !

1 * Entoure ces personnages selon leur époque : en jaune la Préhistoire, en bleu l'Antiquité, en vert le Moyen Âge, en rouge aujourd'hui.

① ② ③ ④

2 * Réponds par Vrai ou Faux.

a. Les Temps modernes se sont déroulés avant le Moyen Âge. ....

b. La Préhistoire est la plus vieille période de notre histoire. ....

c. L'Antiquité est la période avant le Moyen Âge. ....

d. Le Moyen Âge commence vers l'an 500. ....

e. Le 20e siècle est le temps des rois. ....

3 ** Relie chaque construction à sa période.

 ▪ ▪ Antiquité

 ▪ ▪ Temps modernes

 ▪ ▪ 19e siècle

4 ** Observe ces œuvres d'art et coche leur période historique.

a. ☐ Préhistoire ☐ Temps modernes

b. ☐ Préhistoire ☐ Antiquité

c. ☐ Moyen Âge ☐ 20e siècle

d. ☐ Moyen Âge ☐ 19e siècle

EXO DÉFI Lis ces textes et indique quelle période historique ils décrivent.

a. Je travaille pour un seigneur : je suis son écuyer. Je m'occupe de son cheval et de ses armes. Je l'accompagne au tournoi ou à la guerre. ....

b. Je travaille à la mine de charbon. C'est un travail très dur mais grâce au charbon, on peut faire fonctionner de nouvelles machines comme la locomotive. ....

c. J'ai un téléphone portable et je travaille sur un ordinateur. Grâce à Internet, tout va très vite ! ....

d. Je chasse ou je cueille des fruits pour ma famille. Le soir, je fais du feu pour éloigner les bêtes sauvages. ....

Bravo ! Tu es devenu(e) incollable sur les grandes périodes de l'Histoire.

La Préhistoire

Avec Inès et Hugo

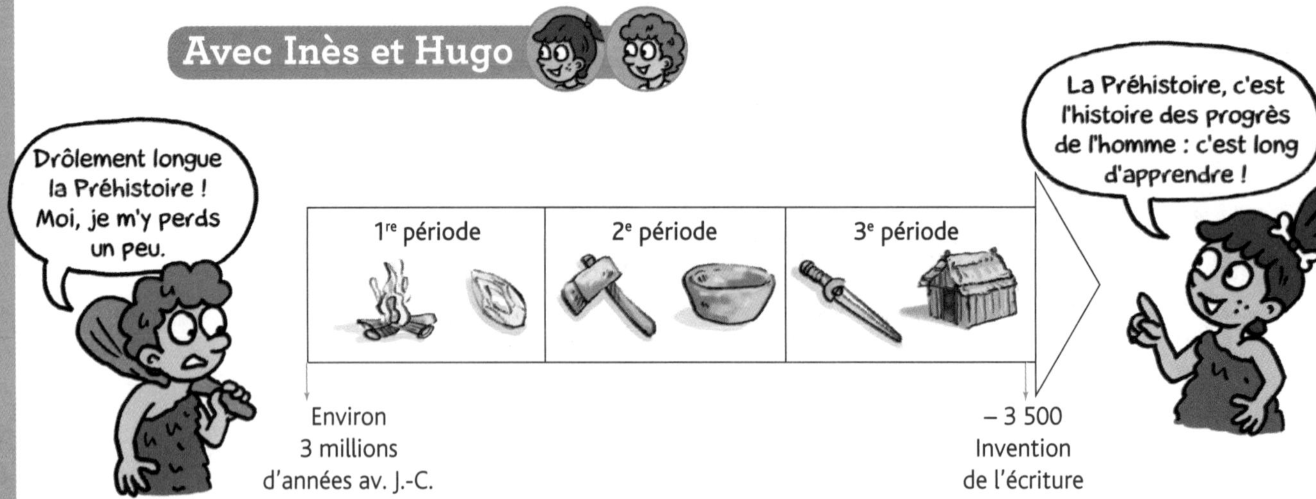

Drôlement longue la Préhistoire ! Moi, je m'y perds un peu.
La Préhistoire, c'est l'histoire des progrès de l'homme : c'est long d'apprendre !
1re période
2e période
3e période
Environ 3 millions d'années av. J.-C.
– 3 500 Invention de l'écriture

La leçon

- **La Préhistoire** est la période qui se situe avant l'Histoire. C'est la plus ancienne de notre histoire. Elle se divise en **trois périodes** :

Les dinosaures ont disparu il y a 65 millions d'années.

L'homme est chasseur.

L'homme devient agriculteur.

L'homme découvre les métaux.

On t'explique

Reconnaitre les trois périodes de la Préhistoire

- **Pour reconnaitre les trois périodes de la Préhistoire**, rappelle-toi :
  – Au début, les hommes vivent de chasse et de cueillette. Ils se déplacent souvent et n'ont pas d'habitat fixe. Ils taillent des pierres et des os pour se faire des outils et des armes. Ils découvrent le feu.
  – Ensuite, les hommes construisent des huttes, élèvent des animaux, cultivent les champs. Ils restent au même endroit.
  – Puis, installés en villages, les hommes tissent des vêtements, découvrent les métaux et se fabriquent de nouvelles armes.
- **Quand** l'écriture **apparait, c'est la fin de la Préhistoire.**

Spécial parents

- **L'homme était nomade** (il se déplaçait), puis il s'est sédentarisé (il reste sur place).

Entraine-toi !

1 * Relie à la période correspondante.

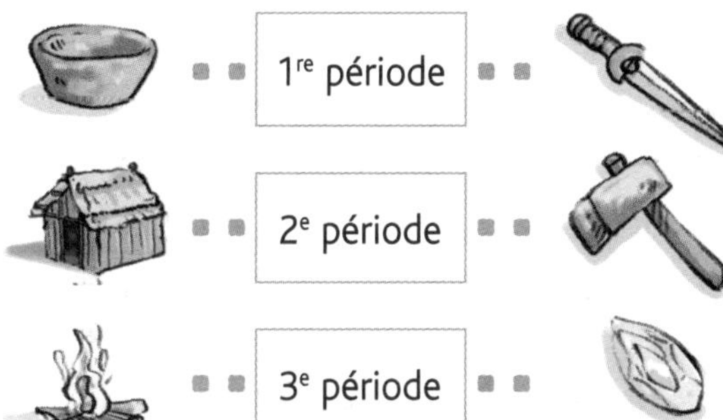

2 ** Complète ces textes.

a. *feu – grottes – chasse – peaux – armes*

Pendant la période la plus ancienne, l'homme se nourrit de .... , de pêche et de cueillette. Il fabrique ses premières .... en silex ou en os.

Il découvre le .... qui va lui permettre de se chauffer, de cuire la viande, de se protéger. Il vit là où se trouve le gibier : comme il se déplace souvent, il s'abrite dans des .... ou sous une tente faite de .... de bêtes.

b. *huttes – élevage – agriculteur – animaux*

Ensuite, l'homme apprend à domestiquer des .... Il fabrique des enclos et pratique l'................ . Il découvre que la terre peut le nourrir, il devient .... Il habite dans des .... en bois.

c. *feu – métal – maisons – village*

Puis, l'homme améliore son habitat : les .... de terre et de bois abritent la famille. Le .... est entouré d'une palissade qui protège hommes et bêtes. L'homme apprend à maitriser le .... et fabrique haches et épées en ....

3 * Observe ce document. Écris Vrai (V) ou Faux (F).**

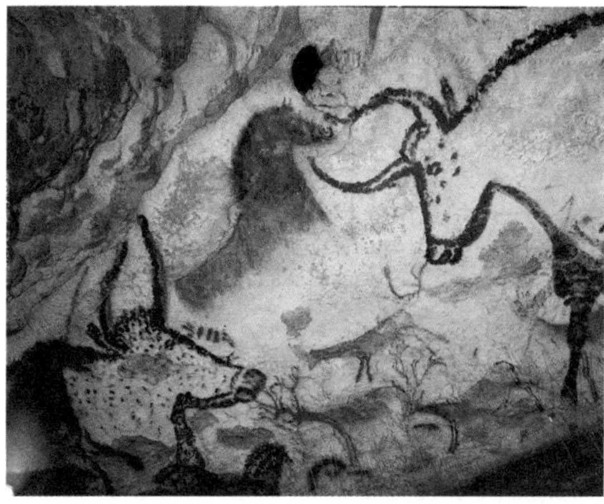

a. L'homme préhistorique peignait des animaux imaginaires. ....

b. Il chassait le mammouth. ....

c. Les grottes étaient ses abris. ....

d. Il utilisait le feu pour s'éclairer. ....

EXO DÉFI **Entoure les documents qui appartiennent à la Préhistoire.**

a. 

b. 

c. 

d. 

Bravo ! Tu connais les trois périodes de la Préhistoire.

CORRIGÉS P. 26 Guide parents

4 Histoire ▪ Questionner le temps

L'Antiquité

Avec Inès et Hugo

Regarde ! C'est un Gaulois qui se bat contre un Romain !
D'ailleurs, ce sont les Romains qui ont gagné la bataille.
C'est pour ça que le Romain est placé au-dessus ?
Bien sûr ! Ce sont les Romains qui ont sculpté ce bas-relief.

La leçon

▪ **L'Antiquité** est la période marquant le passage de la Préhistoire à l'Histoire. Il y a 5 000 ans, des peuples ont inventé l'écriture ou un alphabet comme les **Chinois**, les **Égyptiens**, les **Arabes**…

▪ **De grandes civilisations** ont construit des villes, créé une monnaie…
– Les **Grecs** ont inventé la géométrie et la philosophie.
– Les **Égyptiens** ont construit les pyramides.
– Les **Romains** ont envahi la moitié de l'Europe.

On t'explique

Connaitre les Romains et les Gaulois

▪ **Il y a 2 000 ans**, des peuples celtes s'installent sur notre territoire qui s'appelle la Gaule. Ces Gaulois habitent des huttes en bois et ne connaissent pas l'écriture.

▪ **Dès 58 avant Jésus-Christ**, Jules César **envahit la Gaule** avec ses légions romaines. Il combat le chef gaulois Vercingétorix à la **bataille d'Alésia** (en 52 av. J.-C.). À partir de cette date, toute la Gaule devient une **province romaine**.

▪ **Durant 500 ans, les Gaulois sont des** Gallo-Romains : ils parlent **latin** et vivent comme les Romains. Ils construisent de grandes villes et des édifices, comme les **arènes** ou les **aqueducs**.

Spécial parents

▪ **Les Gaulois n'ont pas laissé de traces écrites**, néanmoins on a pu retrouver des objets (socs de charrue, restes de charriot, poteries et armes...) et des sépultures (lieu où sont déposés les corps des morts). Les villages gaulois ont disparu, faute de constructions en matériaux solides.

▪ **C'est grâce aux Romains et aux Grecs que l'on connait la civilisation gauloise :** les échanges commerciaux étaient très nombreux entre Romains et Gaulois (tonneaux, armes, bijoux).

▪ Jules César lui-même a écrit *La Guerre des Gaules*.

▪ **Dès le 2e siècle ap. J.-C., une nouvelle religion apparait : le christianisme va remplacer les religions celte et romaine** et devenir la religion souveraine de l'Europe.

Entraine-toi !

				–400	alphabet grec	–100	alphabet latin		
8e s. av. J.-C.	7e s. av. J.-C.	6e s. av. J.-C.	5e s. av. J.-C.	4e s. av. J.-C.	3e s. av. J.-C.	2e s. av. J.-C.	1er s. av. J.-C.	1er s. ap. J.-C.	2e s. ap. J.-C.

Gaule celtique — 52 av. J.-C. bataille d'Alésia — Gaule romaine

1 * Numérote ces évènements dans l'ordre chronologique.

a. Les hommes découvrent le feu. ....

b. Le premier alphabet est inventé. ....

c. La première écriture apparait. ....

2 ** Associe ces écritures à leur peuple.

a. les Égyptiens

b. les Chinois

c. les Grecs

d. les Arabes

e. les Européens

1.

2.

3.

4.

5.

3 * Souligne en vert ce qui concerne les Gaulois et en rouge les Gallo-Romains.**

a. Ils parlent latin.

b. Ils utilisent l'écriture.

c. Les druides sont des prêtres.

d. Ils habitent des villas en pierre.

e. Ils portent des pantalons.

f. Ils habitent des huttes.

g. Ils vont au théâtre.

h. Ils ont plusieurs tribus.

Colorie l'Empire romain en bleu.

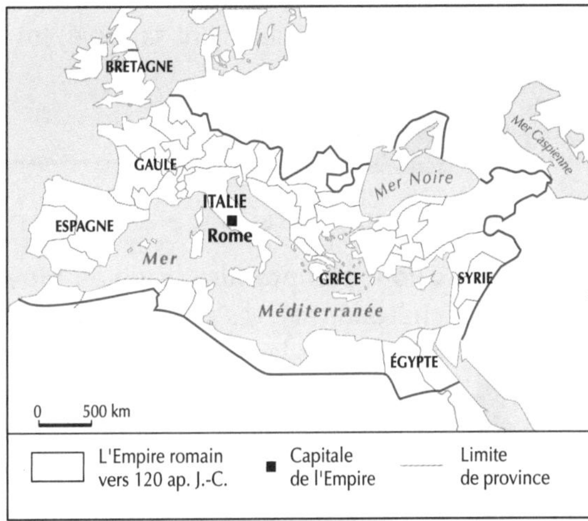

Bravo ! Maintenant, les grandes civilisations de l'Antiquité n'ont plus de secret pour toi.

Le Moyen Âge

Avec Inès et Hugo

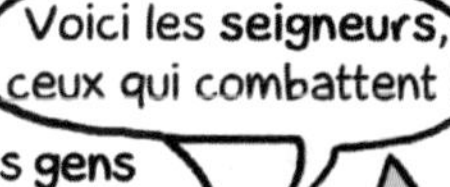

Voici les seigneurs, ceux qui combattent !
Les gens d'Église, ceux qui prient et qui savent lire.

Et les paysans, ceux qui travaillent : les plus nombreux et les plus pauvres. Et ça va durer plus de mille ans !

La leçon

- **Le Moyen Âge** est la plus longue période de notre histoire : il commence **vers 500** et finit **vers 1 500**, donc 1 000 ans.

La société féodale se divise en trois ordres.

- **Les seigneurs sont les plus puissants et les plus riches :** ils s'entourent de guerriers et font construire des châteaux forts pour défendre leur domaine.
- **Les religieux sont respectés et craints par tous** : l'Église, composée de prêtres, évêques, moines, reçoit un impôt et fait construire des hôpitaux, des églises et des cathédrales. Elle protège les plus pauvres. Les moines vivent dans des monastères : ils savent lire et écrire, ils défrichent les forêts et développent l'agriculture.
- **Les paysans ont une vie très dure**, car ils sont soumis au seigneur en échange de sa protection : ils cultivent sa terre, lui donnent les récoltes, supportent les guerres et les famines.

Les seigneurs sont entourés de guerriers, les chevaliers.

On t'explique

Comprendre la vie au Moyen Âge

- **Pour comprendre la vie au Moyen Âge,** observe un château fort. Les premiers châteaux étaient **construits en bois**. On les appelait des châteaux à motte.

Dès le 12e siècle, ce sont de véritables forteresses pour se défendre : des **murailles** et des **douves** les entourent, ils ont de petites ouvertures, des **tours de guet**.
Le **pont-levis** se relève, fermant l'entrée.
La demeure du seigneur est le **donjon** : c'est la plus haute tour et la mieux protégée.
La **cour** est utilisée pour accueillir la population en cas d'attaque.

Spécial parents

- **Dans la société féodale** (du mot « fief », la terre), chacun est lié à l'autre par la terre. Les comtes, représentants du roi, défendent le territoire. Ils s'entourent de barons, chevaliers, auxquels ils offrent des fiefs pour s'attacher leur fidélité.
- **À la fin du Moyen Âge, les villes et les échanges se développent.** Une nouvelle classe apparait : **les bourgeois.**

Entraine-toi !

		100					Clovis 500		Charlemagne 800								
2e s.	1er s. av. J.-C.	1er s. ap. J.-C.	2e s.	3e s.	4e s.	5e s.	6e s.	7e s.	8e s.	9e s.	10e s.	11e s.	12e s.	13e s.	14e s.	15e s.	16e s.
Gaule celtique			Gaule romaine							Moyen Âge							
		J.-C.				invasions barbares			invasions arabes		invasions normandes						

1 * Relie chaque accessoire à la personne qui convient.

- paysan
- seigneur
- moine

2 ** Explique en quelques phrases la différence entre ces deux châteaux.

Château à motte

....
....
....
....

Château fort

....
....
....
....

3 *** Relie chaque personne à ses activités.

a. Le paysan ▪
b. Le seigneur ▪
c. Le moine ▪

▪ aime la chasse.
▪ sait lire et écrire.
▪ cultive les récoltes.
▪ répare le château.
▪ copie des manuscrits.
▪ part à la guerre.

Écris V pour vrai, F pour faux.

a. Les seigneurs doivent protéger les paysans : ....

b. Les moines vivent dans les églises : ....

c. Les paysans doivent obéissance au seigneur : ....

Bravo ! Maintenant, tu connais mieux le Moyen Âge.

6 Histoire ▪ Questionner le temps

Le temps des rois

Avec Inès et Hugo

Ah ! Quel beau roi !
Moi aussi, je suis beau !

Oui, mais François Ier aimait l'art et la beauté.
Ah ! C'est vrai que je préfère le foot !

La leçon

▪ **À la fin du Moyen Âge**, les rois de France deviennent plus puissants et plus riches :
– François Ier est le roi de la **Renaissance** : il fait venir des artistes italiens en France, comme Léonard de Vinci, et fait construire les châteaux de la Loire.
– Henri IV est le roi qui va devoir choisir entre la religion **protestante** et **catholique**.
– Louis XIV est le roi qui a tous les pouvoirs et qui est le plus puissant d'Europe : il fait construire le **château de Versailles**.

▪ **Le temps des rois s'arrête à la** Révolution française, en 1789 : le peuple se rebelle et ne veut plus de rois.

On t'explique

Connaitre des inventions et des artistes

▪ **À cette époque** se développent les arts, les découvertes et les inventions.

Gutenberg révolutionne les méthodes d'imprimerie.	Christophe Colomb découvre l'Amérique à bord de la caravelle.	Léonard de Vinci peint la *Joconde*.	Molière écrit de nombreuses pièces de théâtre.

Spécial parents

▪ **Cette période est très riche**, tant au niveau politique que scientifique, artistique, technologique et géographique.

Entraine-toi !

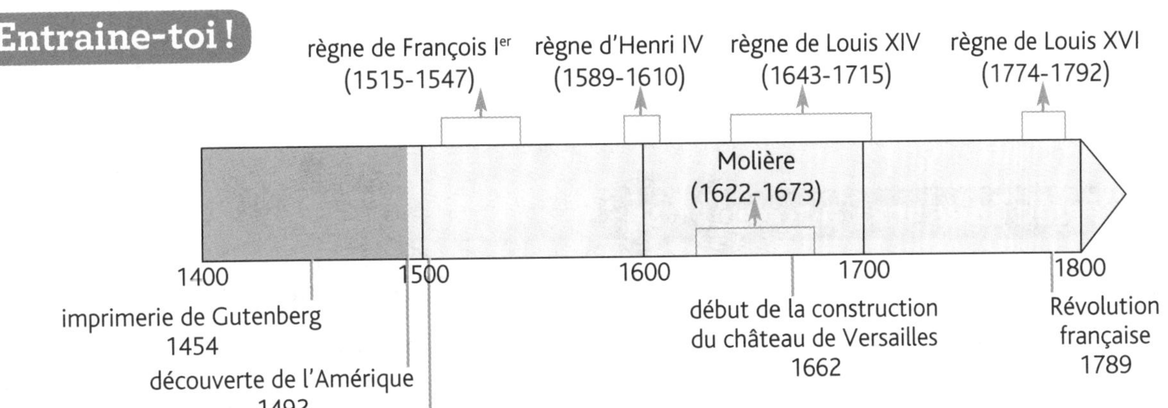

1 * Relie ces inventions à leur usage.

la boussole ▪	▪ navire à voiles très maniable
l'astrolabe ▪	▪ instrument qui indique le nord
la caravelle ▪	▪ instrument qui indique la position des astres
l'imprimerie ▪	▪ procédé qui permet de reproduire les livres

2 ** Observe cette carte et complète le tableau.

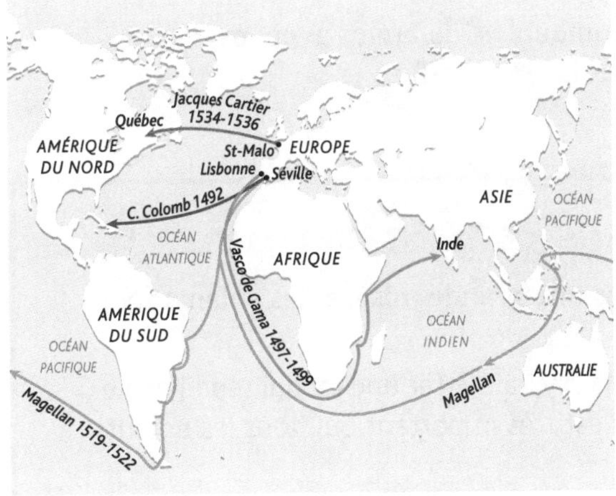

Explorateurs	Dates	Trajets
		Route des Indes
		Tour du monde
	1492	
Jacques Cartier		

3 *** Sous chaque œuvre, indique si elle date du Moyen Âge ou du temps des rois.

a. .... b. ....

c. .... d. ....

EXO DÉFI Relie le bon roi à la bonne proposition.

François Ier ▪	▪ Il fait construire un immense château, alors que le peuple meurt de faim.
Henri IV ▪	▪ Il encourage les arts et les savants : il vit à la mode italienne.
Louis XIV ▪	▪ Il est protestant et doit changer de religion pour être accepté.

Bravo ! Tu es devenu(e) incollable sur le temps des rois.

7

Histoire ▪ Questionner le temps

Le 19e siècle et ses inventions techniques

Avec Inès et Hugo

Une machine à vapeur !
Et alors ?

Mais, tu te rends compte ? C'est une révolution !
Ah oui ! Les usines, les transports les villes : tout change au 19e siècle !

La leçon

▪ **Le 19e siècle** est le siècle des changements et des inventions.
– **La machine à vapeur** remplace le travail de l'homme dans les champs.
– **Les paysans quittent leurs campagnes** et viennent travailler à la ville comme ouvriers dans les usines ou dans les mines de **charbon**, car les **machines à vapeur** fonctionnent au charbon.
– **Les transports se développent :** pour transporter le charbon, on construit **des chemins de fer**.
– **Les villes s'agrandissent** avec de hauts immeubles, de larges avenues et des bâtiments comme l'**Opéra Garnier** ou la **tour Eiffel**.

On t'explique

Comprendre la vie des ouvriers

▪ **À cette époque, les ouvriers vivent dans une grande misère.** Les enfants sont obligés de travailler pour aider leur famille.

▪ **À la fin du 19e siècle**, un ministre, Jules Ferry, fait voter une loi qui rend l'école obligatoire pour éviter la misère. Pour lui, il est très important que tous les enfants sachent lire et écrire.

Spécial parents

▪ **L'école devient laïque** et **obligatoire** par les lois de 1881-1882.
▪ **La Révolution industrielle** a commencé à partir de 1850 en Angleterre.

Entraine-toi !

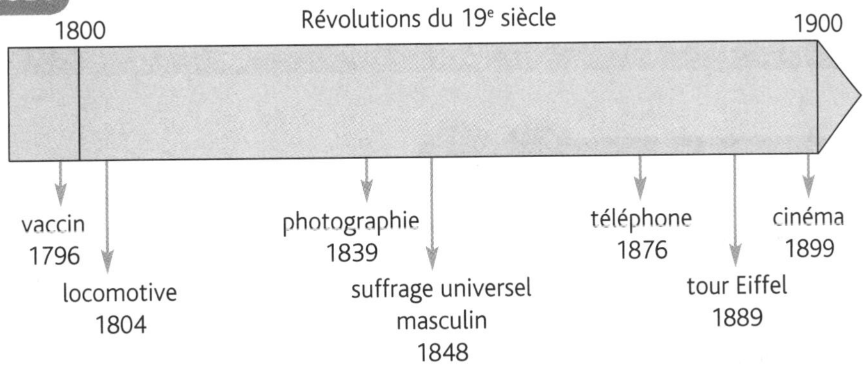

Révolutions du 19e siècle

1800 — 1900

- vaccin 1796
- locomotive 1804
- photographie 1839
- suffrage universel masculin 1848
- téléphone 1876
- tour Eiffel 1889
- cinéma 1899

1 * Entoure toutes les inventions du 19e siècle.

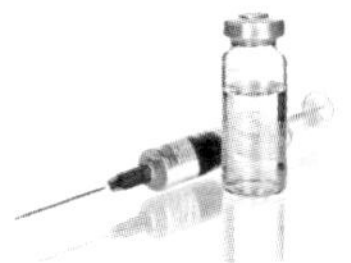

2 ** Écris Vrai ou Faux.

Au 19e siècle :

a. Les villes se sont transformées. ....

b. Tous les enfants allaient à l'école. ....

c. Les paysans se sont déplacés vers les villes. ....

d. On produisait beaucoup de charbon.

....

e. Les trains n'existaient pas. ....

3 ** Observe l'image de la partie *On t'explique* pour répondre aux questions.

a. Qui sont les personnages représentés ?

....

b. Où sont-ils ?

....

c. Que font-ils ?

....

4 *** Coche les bonnes réponses.

a. La machine à vapeur fonctionne :

- [ ] à l'électricité.
- [ ] au charbon.
- [ ] à l'essence.

b. Les ouvriers étaient :

- [ ] pauvres.
- [ ] riches.

c. Jules Ferry a :

- [ ] inventé l'école.
- [ ] fait voter une loi qui rend l'école obligatoire.
- [ ] dit que l'école ne servait à rien.

Que peux-tu dire de cette image ?

....

....

....

Bravo ! Tu connais mieux le 19e siècle
et ses inventions techniques.

Les présidents de la République française

Avec Inès et Hugo

Moi je serai président.

Non, c'est moi qui serai élue par le peuple français !

Les présidents de la Ve République

La leçon

- **Depuis 1870, la France est une république** ; mais il faudra attendre cent ans, 1962 très exactement, pour que le peuple élise son président au **suffrage universel** pour la première fois.
- **Le président** est le chef de **l'État** et le chef des **armées**. Contrairement à un roi, **il ne gouverne et ne décide pas seul** : il s'entoure de **ministres** et doit soumettre ses **lois** au **Parlement** qui comprend l'**Assemblée nationale** et le **Sénat**.
- **Aujourd'hui**, nous sommes sous la **Ve République**.

On t'explique

Connaitre la Ve République

- **Depuis 1958, la Ve République a accordé :**
  – un âge pour la retraite ;
  – un salaire minimum (le SMIC) ;
  – la semaine de 35 heures de travail ;
  – des aides aux chômeurs.
- **C'est aussi la** société de consommation : on achète plus dans des magasins de plus en plus grands.

Spécial parents

- **Les femmes n'ont pu voter pour la première fois qu'en 1945.**
- **Suite à la guerre d'Algérie** (1954-1962), le général de Gaulle instaure la Ve République en 1958, qui donne plus de pouvoir au président.

Entraine-toi !

1900 — 2000 — 2018

- Première Guerre mondiale (1914-1918)
- Seconde Guerre mondiale (1939-1945)
- F. Mitterrand (1981-1995)
- N. Sarkozy (2007-2012)
- Télévision (1926)
- Général de Gaulle (1959-1969)
- G. Pompidou (1969-1974)
- V. Giscard d'Estaing (1974-1981)
- J. Chirac (1995-2007)
- Internet (1990)
- F. Hollande (2012-2017)
- E. Macron (2017-...)

1 * Écris Vrai ou Faux.

a. Un président a tous les pouvoirs. ....

b. Il est élu par ses amis. ....

c. La France est une république. ....

d. On est sous la IIIe République. ....

2 ** Écris les noms des inventions du 20e siècle.

a. ....

b. .... c. ....

d. ....

e. .... f. ....

3 *** Observe cette image de 1960 et coche les bonnes réponses.

a. Cette image est :

☐ une peinture ☐ une publicité

b. Elle nous montre :

☐ qu'on peut s'acheter de nouvelles machines

☐ que les gens ont moins d'argent qu'avant

c. C'est une image qui illustre :

☐ la société de consommation ☐ une fête

Complète le texte.

Depuis 1958, il y a eu .... présidents de la République. Le dernier élu est ....

Les Français ont droit de prendre leur .... à un certain âge. Ils travaillent .... h par semaine. Les personnes qui ne travaillent pas, qu'on appelle des .... ont droit à des aides.

Bravo ! Maintenant, notre époque n'a plus de secret pour toi.

1 Enseignement moral et civique
Le respect de la vie et de l'environnement

Avec Inès et Hugo

Voici trois gestes qui peuvent sauver notre environnement.
Ce n'est pas grand-chose ! Mais si on est des millions à les faire, alors là, on sauve notre planète !

La leçon

- **En France, les citoyens ont des droits, mais aussi des devoirs.**
Être citoyen, c'est être responsable de sa vie, de la vie des autres et aussi de l'environnement. Cette attitude s'appelle le civisme.
- À la ville comme à la campagne, on doit être **attentif aux gestes qui sauvent** : reconnaitre des situations dangereuses à la maison ou à l'extérieur, ne pas polluer ni détruire un environnement naturel...

On t'explique

Être responsable

- **Tu dois connaitre les étiquettes sur les produits**

 produit inflammable (qui prend feu)

 produit dangereux, nocif et irritant

 produit polluant pour l'environnement

 produit toxique qui peut tuer

- **Tu dois comprendre une campagne d'affichage :** elle te met en garde contre les gestes qui peuvent polluer ou détruire l'environnement.

Spécial parents

- **On n'insiste jamais assez sur le sens civique.** L'enfant est un futur citoyen et, dès maintenant, on doit le sensibiliser à ses droits, mais aussi à ses devoirs : respect des règles, attitude civique et écologique.

Entraine-toi !

1 * Colorie les objets dangereux.

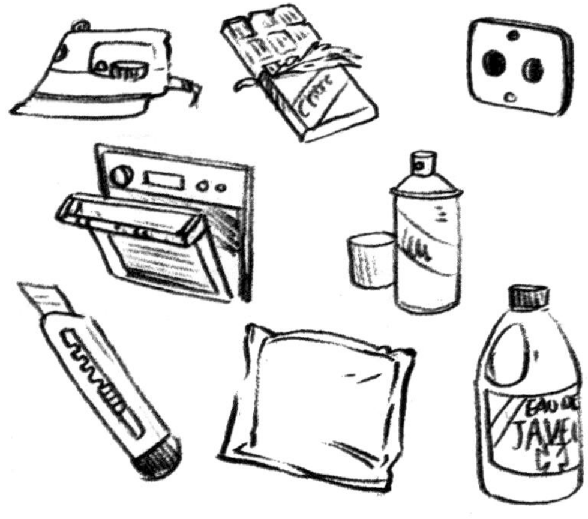

2 * Barre tous les produits auxquels tu ne dois pas toucher.

a. les médicaments
b. la brique de lait
c. un fruit
d. les insecticides
e. l'alcool
f. un bidon d'essence

3 ** Barre les gestes qui ne respectent pas l'environnement.

a. Jeter ses papiers dans la rue.
b. Allumer un feu dans une forêt.
c. Trier ses déchets.
d. Éteindre les lampes qu'on n'utilise pas.

4 * Observe chaque image et écris le numéro qui correspond à la légende.**

a. Des usines déversent leurs eaux sales et polluées dans les rivières ou la mer. ☐

b. Dans les grandes villes, l'air est pollué par les gaz d'échappement des voitures et des usines. ☐

c. Des ordures sont jetées n'importe où ; elles ne sont pas ramassées. ☐

EXO DÉFI Observe cette image. À ton tour, sur l'ardoise, dessine une affiche et invente un slogan pour lutter contre la pollution.

Voulez-vous que la Terre devienne ça ? Non ?
Alors ne polluez pas !

Bravo ! Tu as compris comment respecter la vie et l'environnement.

2 Enseignement moral et civique

Les valeurs de la République

Avec Inès et Hugo

La leçon

- La France est une **république démocratique** : **tous les français sont égaux devant la loi**.
- Comme tous les pays, la France a des **symboles** :

– Un **drapeau** : bleu, blanc, rouge.
– Un **hymne national** : *La Marseillaise*.
– Une **devise** : Liberté, Égalité, Fraternité.
– Une **langue officielle** : le français.
– Une **fête nationale** : le 14 Juillet.
– Une **représentation** : une femme appelée Marianne.

- Respecter les valeurs de la République, c'est **bien connaitre ses lois et en tenir compte.**

On t'explique

Comprendre le suffrage universel

- Il faut avoir au moins **18 ans**, être **français** et être **inscrit à la mairie** pour avoir une **carte d'électeur**. **Tous les 5 ans**, les Français qui remplissent ces conditions peuvent voter et élire le **président de la République** : c'est le **suffrage universel direct**.
- Une fois élu, le Président devient le **chef de l'État** et le **chef des armées. Mais il ne gouverne pas tout seul : il choisit son Premier ministre** qui, à son tour, forme son **gouvernement** avec tous les autres ministres : ministre de l'Éducation nationale, ministre de la Défense, ministre de l'Agriculture…

Spécial parents

- **Dans votre commune, faites repérer à votre enfant la présence des symboles de la République** : drapeau, devise, buste de Marianne…

Entraine-toi !

1 * Écris le numéro de l'illustration qui correspond au symbole de la République française.

1. 

2. 

3. 

4. 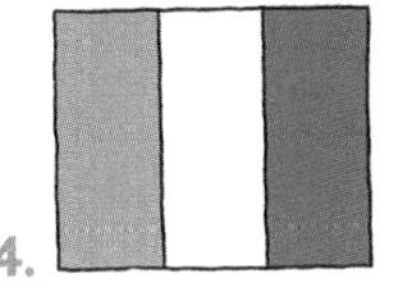

a. *La Marseillaise* : ....

b. Marianne : ....

c. le drapeau : ....

d. la devise : ....

2 ** Entoure la personne qui a le droit de voter pour élire le président de la République.

J'ai 18 ans. Je suis américaine.

Je suis né dans cette commune et j'ai 8 ans.

J'ai 20 ans, je suis français et j'ai une carte d'électeur.

a. b. c.

3 ** Complète le premier couplet de *La Marseillaise* :

féroces – levé – arrivé – enfants

Allons, ... de la Patrie
Le jour de gloire est .... !
Contre nous de la tyrannie
L'étendard sanglant est ....
Entendez-vous dans les campagnes
Mugir ces .... soldats ?
Ils viennent jusque dans vos bras,
Égorger vos fils, vos compagnes.

4 * Écris Vrai ou Faux.**

a. Le Président décide tout seul. ....

b. Selon la loi, tous les Français ont les mêmes droits. ....

c. Les ministres sont choisis par le peuple français. ....

5 * Complète avec les mots de la devise française : *la liberté*, *l'égalité* et *la fraternité*.**

a. Tous les hommes sont égaux en droits et en devoirs. C'est ....

b. On doit être solidaires, s'aider et se secourir comme des frères. C'est ....

c. Chaque homme est, nait et reste libre tant qu'il ne fait pas de mal aux autres. C'est ....
....

Fais ta petite enquête :

a. Qui est aujourd'hui le président de la République ?

....

b. Quand auront lieu les prochaines élections présidentielles ?

....

Bravo ! Tu es devenu(e) incollable sur les valeurs de la République.

Les départements et les régions

Avec Inès et Hugo

La leçon

- **La France est un territoire** qui est organisé en **13 régions en métropole et 5 régions d'outre-mer**.
- Chaque région est divisée en **départements** :
  - **96 sont en métropole**, sur le sol français en Europe ;
  - **5 sont en outre-mer**, répartis dans le monde : la Martinique, la Guadeloupe, la Réunion, Mayotte et la Guyane.
- Chaque département est divisé à son tour en **arrondissements** et en **communes** (villes ou villages).

On t'explique

Comprendre le fonctionnement des régions et des départements

- **Pour mieux gérer tout le territoire français, le président de la République nomme des représentants de la loi**, les préfets pour chaque région : ils sont chargés de la sécurité.
- Chaque région a aussi un conseil régional composé de personnes qui s'occupent des **aménagements** (transports, parcs, stades...), de **l'enseignement** (lycées, hautes écoles...), de **l'économie**, de la **culture**...
- Chaque département a aussi son conseil départemental.

Spécial parents

- **Aujourd'hui, les élèves n'ont plus à connaitre les départements par cœur.** Par contre, assurez-vous que votre enfant connaisse le nom **de sa commune, de son département et de sa région**.

Entraine-toi !

1 * Classe ces mots du plus petit territoire au plus étendu.

ville – département – région – village

a. ....

b. ....

c. ....

d. ....

2 ** Observe cette carte puis remplis la fiche d'identité de cette région.

Nom de la région : Pays-de-la-Loire

Départements :

- *44 : Loire-Atlantique*
- ....
- ....
- ....
- ....

Préfecture de la Mayenne : ....

Préfecture du Maine-et-Loire : ....

Préfecture de la Vendée : ....

3 ** Écris Vrai ou Faux.

a. Le Président choisit les préfets. ....

b. Un département est gouverné par un maire. ....

c. Une région peut avoir plusieurs départements. ....

d. La Martinique est un département d'outre-mer. ....

4 * Réponds aux questions. Aide-toi de la carte des régions page 154.**

a. Cite une région du nord de la France.

....

b. Cite une région qui est en bord de mer.

....

c. Cite la région qui a comme préfecture Paris.

....

d. Dans quelle région et dans quel département habites-tu ?

....

EXO DÉFI Observe cette carte. À toi de nous parler de cette région.

Bastia
HAUTE-CORSE
2B
Ajaccio
2A
CORSE-DU-SUD

....

....

....

....

....

....

....

....

....

Bravo ! Tu connais mieux les départements et les régions de la France.

1 Géographie • Questionner l'espace

Lire une carte et sa légende

Avec Inès et Hugo

Qu'est-ce que tu as dessiné ?
C'est une rose des vents, voyons !
N
O
E
S
Avec elle, nous ne serons plus jamais perdus ?
Avec toi, rien n'est moins sûr !

La leçon

- **En géographie, on travaille sur des cartes ou des plans :** ce sont des dessins qui représentent fidèlement des lieux. Pour se repérer sur une carte, il faut savoir comment se situer.
- **La rose des vents** permet de situer les quatre points cardinaux : l'est, l'ouest, le nord et le sud. Si elle n'est pas présente sur la carte, tu peux déduire que **le nord est vers le haut**.
- **La légende** permet de comprendre les couleurs ou les signes que le géographe a utilisés pour simplifier la lecture de sa carte.

On t'explique

Lire une carte

- **Selon ce qu'on cherche**, on ne lit pas les mêmes cartes, donc les légendes sont différentes. Par exemple :

Ici, je peux voir les routes de France...

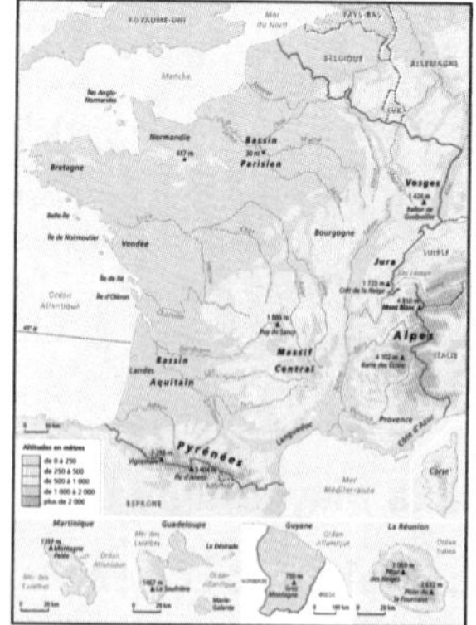

et là, je peux découvrir son relief.

Spécial parents

- **Lire une carte** n'est pas toujours simple, car l'enfant n'a pas le réflexe de se reporter à la légende. Lors de vos déplacements, n'hésitez pas à lui montrer les **plans** et à jouer avec lui pour trouver tel ou tel endroit.

Entraine-toi !

1 * Choisis tes couleurs pour la légende, puis colorie la carte.

	bord de mer		mer
	frontière terrestre		terre

2 ** Aide-toi du quadrillage pour compléter le tableau, puis place les villes sur la carte.

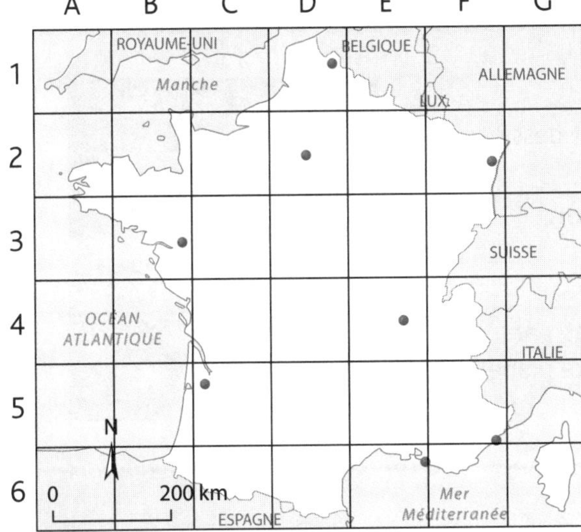

Villes	Coordonnées
Paris	(......, ...)
Bordeaux	(......, ...)
Marseille	(......, ...)
Lille	(......, ...)
Nantes	(......, ...)
Lyon	(......, ...)
Strasbourg	(......, ...)
Nice	(......, ...)

EXO DÉFI On a oublié la légende de ce plan ! Colorie pour la compléter.

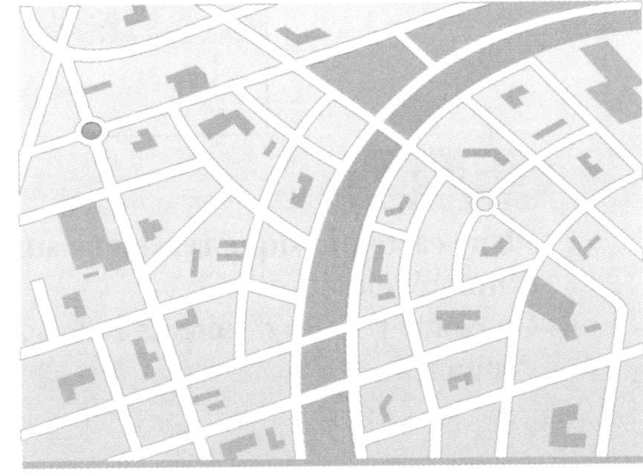

Espaces verts	
Routes	
Fleuve	
Habitations	

Bravo ! Maintenant, tu sais lire une carte et comprendre sa légende.

La carte physique de la France

Avec Inès et Hugo

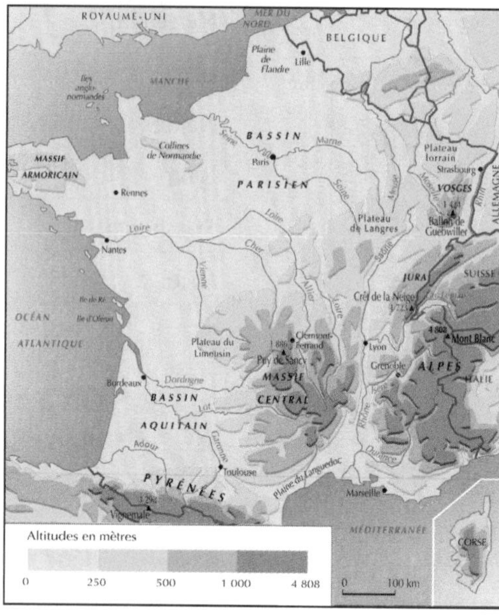

La leçon

■ **Une carte physique renseigne sur les paysages naturels d'un pays ou d'une région.**
On peut y voir les différents reliefs ; les cours d'eau ; les côtes et les mers qui l'entourent.

On t'explique

Connaitre le travail du géographe

■ **Autrefois,** les cartes et les plans étaient dessinés : on prenait des mesures au sol.

■ **Avec l'invention de la photo et de l'avion,** on a pu prendre des photos vues du ciel : les tracés furent encore plus précis.

■ **Maintenant, grâce aux photos** envoyées par les satellites, on peut découvrir toute notre planète telle qu'elle est vue du ciel.

Spécial parents

■ **En géographie, la priorité est le regard :** c'est par l'observation et l'analyse de cartes, de photos, de graphiques que se déduit la leçon.

■ **On dit que la France offre une « mosaïque de paysages » :** en effet, on y découvre une variété importante de reliefs, de littoraux et de cours d'eau.

Entraine-toi !

1 * À quelle figure ressemble la France ? Colorie-la.

a. 

b. 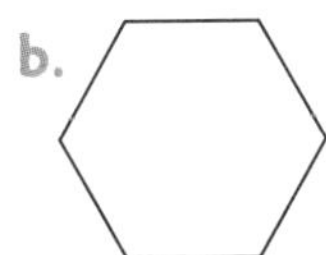

c. 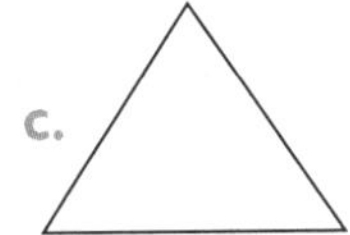

d. 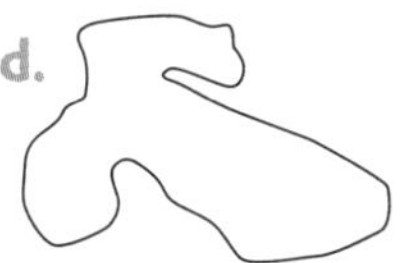

2 * Complète en t'aidant de la carte page 158.

a. Les mers et océans qui bordent la France :

....

....

b. Les montagnes de France :

....

....

c. Les principaux fleuves français :

....

....

3 ** Écris V (vrai) ou F (faux).

a. Lille est une ville qui est située dans le nord de la France. .....

b. La Seine passe à Bordeaux. .....

c. Lyon est située sur le Rhône. .....

d. Nantes est située dans une région montagneuse. .....

e. Marseille est dans le sud de la France. .....

4 * Réponds aux questions.**

a. Quelle mer borde le sud de la France ?

....

b. Quelle chaine de montagnes est située au centre de la France ?

....

c. Quel fleuve passe par Bordeaux ?

....

d. Quel type de relief trouve-t-on dans la région de Lille ?

....

Complète cette carte.

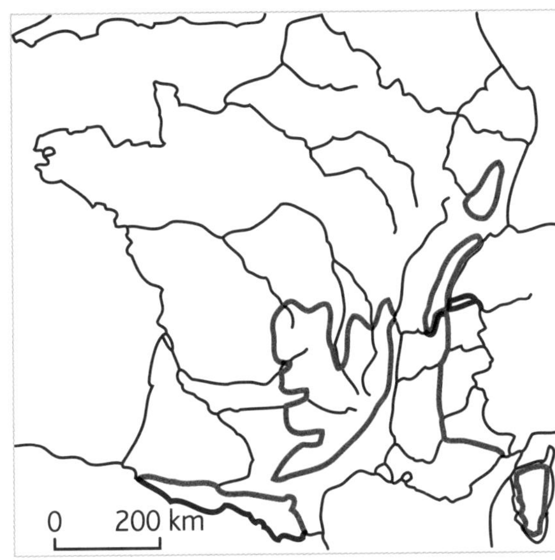

a. Colorie les massifs montagneux en orange.

b. Repasse la Loire, le Rhône, la Garonne et la Seine en bleu.

c. Place un point rouge pour situer Paris.

d. Colorie en bleu les mers et les océans.

Bravo ! Tu es devenu(e) incollable sur la carte physique de la France.

CORRIGÉS P. 27 Guide parents

Français | Maths | Histoire Ens. moral et civique | Géographie | Sciences | Anglais

Des reliefs différents

Avec Inès et Hugo

montagne vieille

plaine

montagne jeune

La meilleure façon d'apprendre, c'est d'observer les paysages en vrai. Allez, prends ton vélo, on y va !

La leçon

Les reliefs de la France sont très différents.

- **Les Alpes et les Pyrénées** sont des **montagnes jeunes** : elles sont hautes et leurs sommets forment des pics et des aiguilles.
- **Le Massif central et les Vosges** sont des **montagnes anciennes** : elles ont été usées par le temps. Leurs sommets sont arrondis et forment des **collines** ou des **ballons**. **Le Massif armoricain** est encore plus vieux, car il forme maintenant un grand **plateau**.
- **Les plaines d'Alsace ou le Bassin parisien** sont des **grandes étendues planes**.

On t'explique

Comprendre une carte

Pour comprendre une carte, utilise la légende.

- Les **couleurs** t'indiquent l'**altitude** ; ici, le marron = le plus élevé, le vert = le plus bas.
- Les **symboles** t'indiquent des **points précis** ; un triangle = un sommet.
- L'**échelle** t'indique une **distance** ; ici, 8 mm représentent 100 km.

0 100 km

Spécial parents

- **La meilleure leçon de géographie est l'observation de paysages sur place :** profitez-en en vacances ! Proposez à votre enfant de « lire » le paysage comme un tableau : *Où sont les habitations ? Quelle végétation ou culture voit-on ? Les routes sont-elles rectilignes ?...*

Entraine-toi !

1 * Complète en t'aidant de la carte page 160.

a. Nom : *Alpes*
Type de montagnes : *jeunes*
Le plus haut sommet : ....
Altitude : ....

b. Nom : ....
Type de montagnes : *jeunes*
Le plus haut sommet : *crêt de la Neige*
Altitude : ....

c. Nom : *Vosges*
Type de montagnes : ....
Le plus haut sommet : ....
Altitude : *1 424 m*

d. Nom : ....
Type de montagnes : ....
Le plus haut sommet : *Vignemale*
Altitude : ....

e. Nom : *Massif central*
Type de montagnes : ....
Le plus haut sommet : ....
Altitude : ....

2 ** Écris Vrai ou Faux.

a. Une plaine est une grande étendue plane. ....

b. Un plateau est une haute montagne escarpée. ....

c. Le sommet est le haut de la montagne. ....

d. Une colline est une montagne ancienne. ....

e. Les villes sont construites au sommet des montagnes. ....

3 *** Souligne tous les mots qui te rappellent un paysage de montagne.

a. un sommet
b. un versant
c. le ski
d. des champs cultivés
e. une plaine
f. une chaine
g. la plage
h. le pic

Observe cette photo et complète les phrases avec ces mots.

vallée – sommets – neiges éternelles – versant

De ma fenêtre, je vois les .... recouverts de ....
Le .... brille au soleil et les sapins enneigés resplendissent au fond de la ....

Bravo ! Tu maitrises les différents types de reliefs.

Les mers et les côtes

Avec Inès et Hugo

Je ne sais pas où partir en vacances ! Sur une plage de sable fin ? Au bord d'une falaise ?

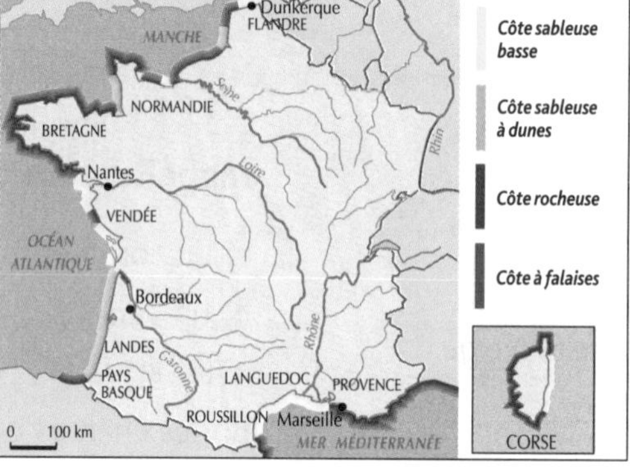

La leçon

■ **Les côtes** peuvent être très différentes selon le relief de la région :

> Dès que tu vois un astérisque * dans le texte, va vite regarder la définition du mot dans la partie *On t'explique*.

Falaises de Normandie

Côtes sableuses dans les Landes

Côtes rocheuses en Bretagne

■ **L'homme aménage le littoral*** pour le **tourisme** (les plages), pour le **transport** et le **commerce** (les ports) et quelquefois pour le **protéger** et le **conserver** (digues, forêts plantées au bas de la dune*).

On t'explique

Connaitre le vocabulaire de la géographie

■ **Pour connaitre le vocabulaire de la géographie**, aide-toi du lexique qui accompagne tes leçons.

■ Voici celui qui t'explique le **vocabulaire des mers et des côtes** :

Dune : colline de sable formée par le vent.

Estuaire ou embouchure : endroit où se jette le fleuve dans la mer.

Golfe : large avancée de la mer dans les terres.

Littoral : côte ou rivage entre la mer et la terre.

Presqu'ile : longue avancée de terre dans la mer.

Spécial parents

■ **Le type du littoral dépend du relief et des roches de l'arrière-pays :** si les terres intérieures sont des plaines, la côte sera sableuse ; si elles sont élevées ou formées de roches dures, la côte sera rocheuse.
La falaise est une haute côte calcaire, donc très dure : depuis des années, elle recule, cassée par la mer.

Entraine-toi !

1 * **Observe ces croquis et indique le type de côtes qu'ils représentent.**

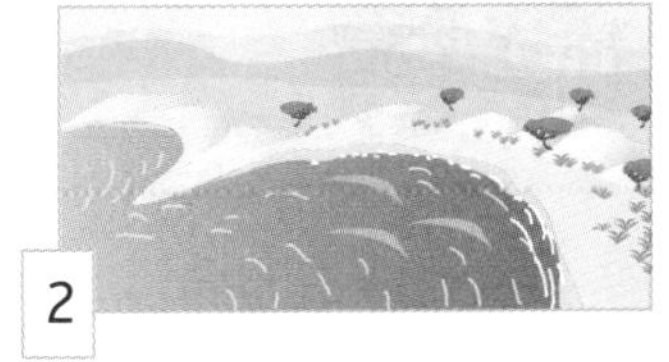

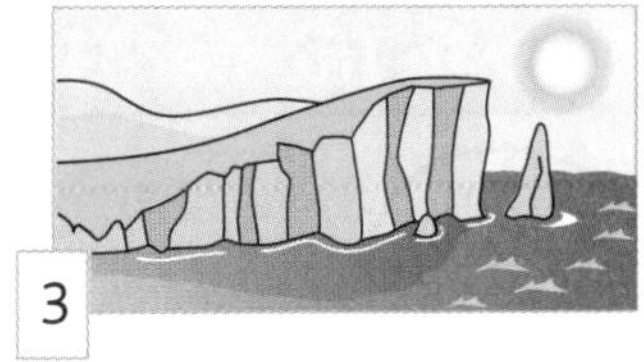

....

2 ** **En t'aidant de la carte page 162, complète avec les mots de l'exercice 1.**

a. Je suis allée en Normandie, les .... sont très impressionnantes.

b. J'adore les Landes avec leurs immenses ....

c. En Bretagne, je cherche des crabes sur les ....

d. Je préfère la Provence avec ses .... au Languedoc et ses ....

3 ** **Indique pour chaque photo si le littoral est *sauvage*, *industriel* ou *touristique*.**

a. ....

b. ....

c. ....

4 *** **Écris Vrai ou Faux.**

a. Une dune est une haute falaise. ....

b. Un golfe est une grande avancée de la mer dans les terres. ....

c. Les ports se situent en haut des falaises. ....

d. En Bretagne, on trouve surtout des côtes rocheuses. ....

Complète ce croquis avec F (falaise), G (golfe), E (estuaire), P (presqu'île), D (dune).

Bravo ! Maintenant, les mers et les côtes n'ont plus de secret pour toi.

Les fleuves

Avec Inès et Hugo

Je suis à l'estuaire. Et toi, où es-tu ?

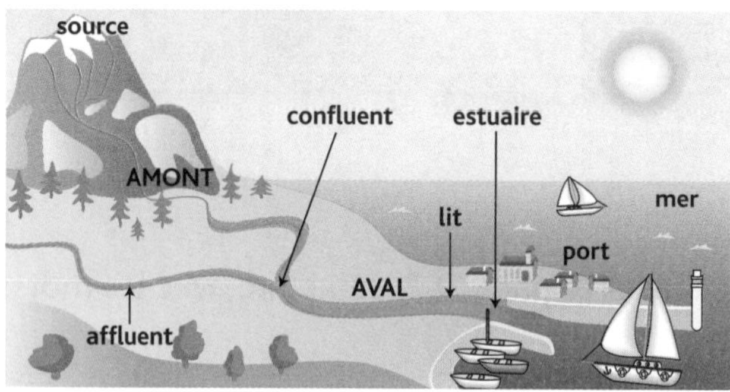

Je suis à la source. Je prends mon canoë et j'arrive !

La leçon

■ **Un fleuve est un cours d'eau alimenté par de nombreux ruisseaux et rivières.** Il commence à une **source**, située le plus souvent en montagne, il est ensuite alimenté par de nombreuses rivières, ses **affluents**, et enfin il se jette dans la mer.

■ La **Loire**, la **Seine**, la **Garonne** et le **Rhône** sont les quatre grands fleuves français.

■ **Les hommes aménagent les fleuves pour utiliser l'eau, favoriser le transport, produire de l'énergie** en construisant des barrages ou des centrales nucléaires.

On t'explique

Dessiner à partir d'une photo

■ **Pour réaliser un croquis à partir d'une photo :**
- Fais un dessin simplifié des grandes lignes de la photo.
- Tu peux le colorier.
- Place les mots importants avec des flèches :
estuaire, méandre, fleuve, mer.

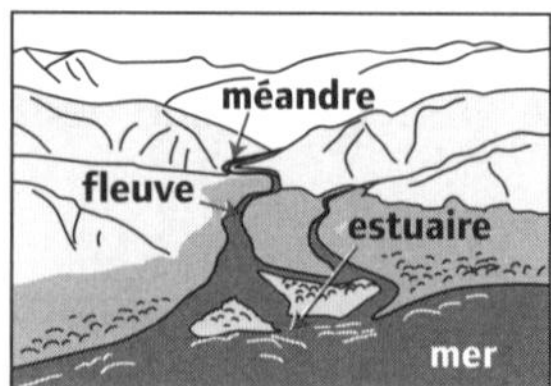

Spécial parents

■ **Quelques chiffres :** la Loire : 1 012 km, la Garonne : 650 km, le Rhône : 812 km, la Seine : 776 km.

■ **La Seine est le seul fleuve navigable** sur toute sa longueur.

■ Pour certains enfants, un croquis est quelquefois plus simple à comprendre qu'un texte.

Entraine-toi !

1 * Complète cette carte avec ces mots (tu peux t'aider des cartes page 156) :

Rhône – Bordeaux – Marseille – Seine – Paris – Garonne – Nantes – Loire – Lyon

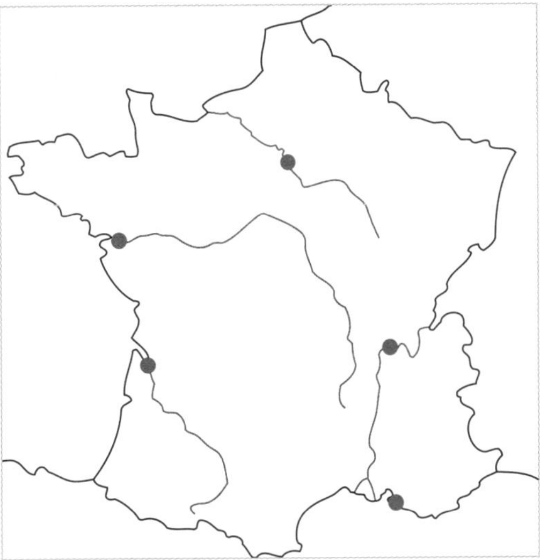

2 ** Complète ces phrases.

a. La Seine se jette dans ....

b. Nantes est un port situé au fond de l'estuaire de ....

c. La Garonne prend sa source dans ....

d. Le Rhône se jette dans ....

3 * Écris le mot qui convient.**

source – estuaire – affluent – confluent

a. Lieu où le fleuve se jette dans la mer : ....

b. Lieu où commence le fleuve : ....

c. Endroit où une rivière en rejoint une autre : ....

d. Cours d'eau qui se jette dans un autre : ....

Coche les phrases qui conviendraient pour décrire la photo.

a. ☐ C'est un paysage naturel.

b. ☐ C'est l'estuaire d'un fleuve.

c. ☐ Les hommes ont construit un grand port.

d. ☐ C'est un port industriel.

e. ☐ C'est la source du fleuve.

f. ☐ On y transporte beaucoup de marchandises.

g. ☐ C'est un port de pêche.

Bravo ! Maintenant, tu connais les fleuves de France.

Français
Maths
Histoire
Ens. moral et civique
Géographie
Sciences
Anglais

Les milieux ruraux et urbains

Avec Inès et Hugo

C'est une leçon de maths ou de géo ? Je n'y comprends rien !

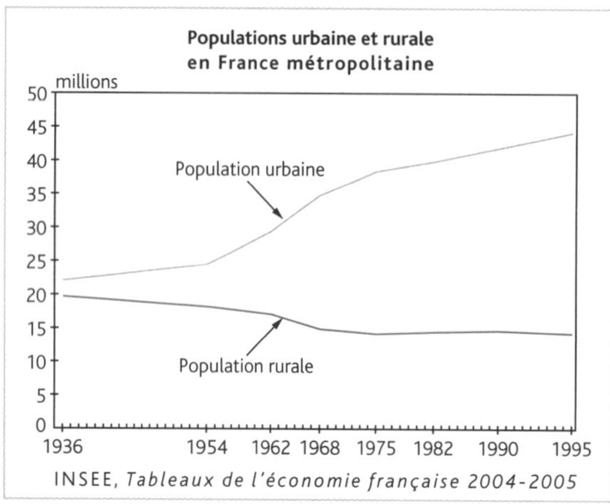

INSEE, *Tableaux de l'économie française 2004-2005*

Un peu des deux : on organise les chiffres dans un graphique et c'est plus facile à lire !

Regarde, en 1968, il y avait 15 millions de Français qui vivaient à la campagne.

La leçon

- **Une région où vivent et travaillent les agriculteurs** est appelée **milieu rural** : il y a peu de grandes villes et la population y est de moins en moins nombreuse.
- **Une région très peuplée et très industrialisée** est appelée **milieu urbain** : les commerces et les transports y sont très développés et la population y augmente tous les ans.

On t'explique

Lire un graphique

Pour lire un graphique, tu peux procéder en 3 étapes.

- **Lis d'abord son titre.**
Dans le graphique ci-dessus, tu peux comparer les deux types de population. La population **urbaine vit en ville**, la population **rurale vit à la campagne**.
- **Observe les chiffres verticaux et horizontaux.**
Les chiffres verticaux indiquent le nombre d'habitants en millions (de 0 à 50) et les chiffres horizontaux donnent les dates (ici, de 1936 à 1995).
- **Observe les courbes.**
La courbe **rouge** est celle de la population rurale. Elle est passée de 20 millions en 1936 à 14 millions en 1995. Tu peux en déduire que de moins en moins de personnes vivent à la campagne.

Spécial parents

- **En CE2**, la géographie est souvent abordée du point de vue des paysages naturels. Or, elle est aussi liée à l'homme et à ses transformations.

Entraine-toi !

1 * Écris MU (milieu urbain) ou MR (milieu rural) sous les photos.

a. ....

b. ....

c. ....

d. ....

2 ** Observe bien le graphique page 166 et réponds aux questions.

a. Quel était le nombre d'habitants vivant en ville en 1936 ? en 1995 ?

....

Que constates-tu ? ....

....

....

b. À partir de quelle date la population rurale a-t-elle baissé ?

....

c. À partir de quelle date la population urbaine a-t-elle fortement augmenté ?

....

Qu'en déduis-tu ?

....

....

3 * Entoure en vert les mots qui te font penser au milieu rural, en rouge ceux qui évoquent le milieu urbain.**

a. tracteur
b. avenue
c. immeubles
d. usine
e. vignes
f. chemin
g. métro
h. champs
i. commerces
j. forêt
k. moutons
l. rivière

4 * Écris Vrai ou Faux.**

a. La population rurale augmente. ....

b. Les villes sont de plus en plus peuplées. ....

c. C'est en ville que l'on trouve le plus de commerces. ....

d. Les hypermarchés sont construits en pleine campagne. ....

e. Les agriculteurs sont de plus en plus nombreux. ....

f. Les plus grandes villes de France sont très industrialisées. ....

Et toi ? Dans quel milieu vis-tu ? Explique pourquoi.

....

....

....

....

....

....

....

Bravo ! Tu es devenu(e) incollable sur les milieux ruraux et urbains.

CORRIGÉS P. 28 Guide parents

7 Géographie • Questionner l'espace

Les grands services publics

Avec Inès et Hugo

Ce n'est pas une carte postale ! Ce sont les grands services publics. Grâce à eux, on se déplace, on se fait aider en cas de danger et... on va à l'école !

La leçon

▪ **Dans la plupart des villes, on trouve des aménagements :**
– pour se loger (maisons, immeubles, etc.) ;
– pour se soigner (hôpitaux) ;
– pour se déplacer (métro, tramway, bus, etc.) ;
– pour s'éduquer (écoles, collèges, lycées) ;
– pour sa sécurité (police, pompiers).

Le plus souvent, ces services sont proposés par l'État qui emploie des fonctionnaires (comme les enseignants, les facteurs, les policiers, les juges, les médecins, etc.).

On t'explique

Différencier « public » et « privé »

▪ **Pour connaitre les grands services publics, voici un peu de vocabulaire** ; chaque service public est géré par un ministère :
– le ministère de l'Éducation nationale s'occupe de l'enseignement (écoles) ;
– le ministère de la Santé s'occupe des soins médicaux (hôpitaux) ;
– le ministère de l'Intérieur s'occupe de la sécurité dans le pays (police).

Chaque **ministère** emploie des **fonctionnaires**. Le fonctionnaire le plus important est le **ministre**.

▪ **Une entreprise** publique **appartient à l'**État : son rôle est de proposer des services aux citoyens (par exemple, la Poste fait parvenir le courrier).
Une entreprise privée **appartient à** une ou plusieurs personnes : son rôle est de produire (elle achète, elle fabrique et elle revend).

Spécial parents

▪ **Votre enfant doit prendre conscience de l'organisation de notre société :** son fonctionnement, ses lois, mais aussi ses acquis (le droit de vote) et ses devoirs (les services publics)...

▪ **Proposez à votre enfant de vous accompagner** lors de vos démarches administratives ou citoyennes : il se rendra compte de l'utilité des différents services.

Entraine-toi !

1 * Souligne les services publics.

a. l'école
b. la boulangerie
c. la bibliothèque
d. la caserne de pompiers
e. le commissariat
f. le magasin de chaussures
g. l'hôpital
h. le marché

2 * Entoure les personnes qui sont des fonctionnaires.

a. l'infirmière à l'hôpital
b. le poissonnier
c. le ministre des Transports
d. le conducteur de taxi
e. le gendarme
f. le pharmacien
g. le médecin

3 ** Ces entreprises sont des entreprises publiques.
Complète avec le sigle qui convient : *SNCF, RATP, RER, EDF*.

a. Électricité de France : ....
b. Société Nationale des Chemins de Fer français : ....
c. Régie Autonome des Transports Parisiens : ....
d. Réseau Express Régional : ....

4 * Écris le nom du service public qui correspond au symbole.**

le métro – la poste – l'hôpital – l'électricité

1. ....

2. ....

3. ....

4. ....

Reporte ensuite le numéro qui correspond au besoin de chaque personne.

a. Je dois faire installer un nouveau chauffage. ......
b. Je me suis cassé le bras. ......
c. J'ai rendez-vous sous la tour Eiffel. ......
d. Je dois poster une lettre. ......

Écris le nom et le métier de trois personnes que tu connais et indique si elles sont fonctionnaires (F).

.... est .... : ....
.... est .... : ....
.... est .... : ....

Bravo ! Tu connais les différents services publics.

Les trois états de l'eau

Avec Inès et Hugo

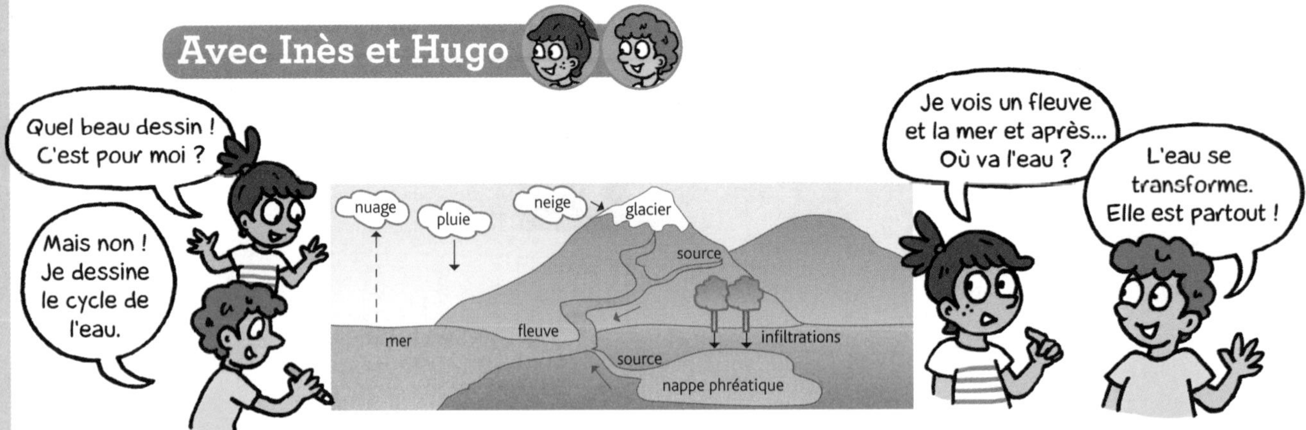

Quel beau dessin ! C'est pour moi ?
Mais non ! Je dessine le cycle de l'eau.
nuage
pluie
neige
glacier
source
mer
fleuve
infiltrations
source
nappe phréatique
Je vois un fleuve et la mer et après... Où va l'eau ?
L'eau se transforme. Elle est partout !

La leçon

■ **Dans la nature, trois états constituent le cycle de l'eau.**
Selon sa température, l'eau peut se trouver à l'état :
– **liquide**, dans les rivières, les lacs, la mer, la pluie ;
– **gazeux**, dans l'air (vapeur d'eau) ;
– **solide**, sous forme de neige ou de glace.

On t'explique

Comprendre une notion scientifique

Dans la nature...	Réalise une expérience...	
Les glaciers sont formés d'**eau gelée**.	Mets de l'eau au congélateur. Tu obtiens de la glace.	
À une température très basse, l'eau devient de la glace. Sous forme de glace, l'eau est à l'état solide.		solidification
La **glace fond** car la température se réchauffe : l'eau coule en formant une rivière.	Place des glaçons sur une source de chaleur. Les glaçons fondent.	
Quand la température augmente, l'eau est à l'état liquide.		fusion
L'eau de la mer est chauffée par le Soleil : elle **s'évapore**, puis se transforme en nuages.	Fais bouillir l'eau dans la casserole : de la vapeur d'eau s'échappe.	
Quand la température est plus élevée, l'eau est à l'état gazeux.		évaporation
Dans les nuages, l'eau, au contact de l'air froid, **redevient liquide** et retombe en pluie ou en neige.	Place un couvercle froid au-dessus d'une casserole, des gouttes d'eau apparaissent.	
Quand la température baisse, l'eau redevient à l'état liquide.		condensation

Spécial parents

■ **En sciences, l'apprentissage par l'expérimentation est essentiel :** on émet une hypothèse, on fait l'expérience, on vérifie son hypothèse et on en déduit un principe que l'on peut vérifier dans une autre situation.

Entraine-toi !

1 * Classe ces éléments selon leur état.

le jus de pomme – les bulles de coca – un bonbon – du lait – une pomme – l'oxygène

a. État gazeux : ....
....
b. État liquide : ....
....
c. État solide : ....
....

2 ** Écris Vrai ou Faux.

a. La glace est de l'eau solide. ....
b. L'évaporation est de l'eau qui se transforme en glace. ....
c. Le linge sèche au vent par l'évaporation de l'eau. ....
d. La condensation est la transformation de la glace en eau. ....
e. C'est le froid qui permet la solidification de l'eau. ....

3 ** Entoure les états solides de l'eau.

a. glacier
b. torrent
c. pluie
d. rivière
e. grêle
f. flocon

4 * Complète avec les mots qui conviennent.**

a. Quand on souffle sur un miroir, il se couvre de .... (*glace/buée*). C'est de la .... (*vapeur/fumée*) d'eau qui se condense, car le miroir est .... (*chaud/froid*).

b. Quand on met une assiette remplie d'eau sur un radiateur .... (*froid/chaud*), l'eau .... (*s'évapore/se solidifie*) plus vite.

Complète le dessin avec ces mots.

évaporation – solidification – fusion – condensation

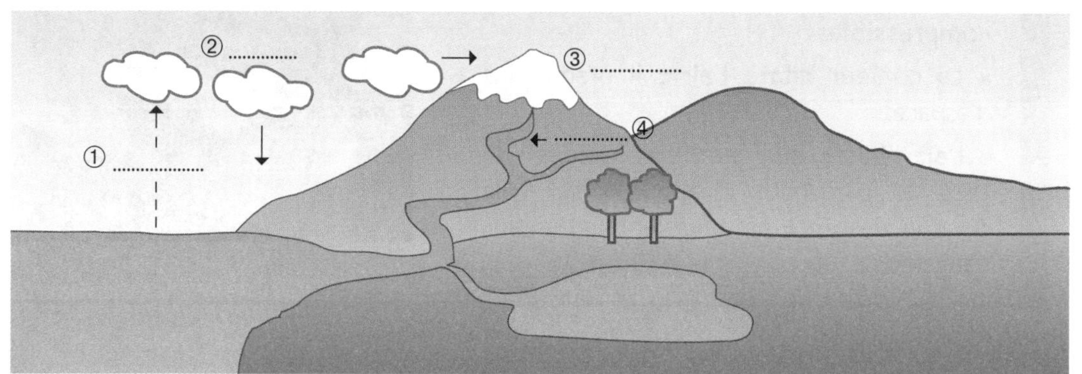

Bravo ! Maintenant, tu comprends les différents états de l'eau.

CORRIGÉS
P. 28
Guide parents

La présence de l'air

Avec Inès et Hugo 

Regarde le deltaplane ! En fait, il utilise l'air comme le font les oiseaux pour planer.

Et pour la montgolfière ?
Elle utilise un autre gaz.

La leçon

- **L'air est une matière invisible et impalpable :** même si on ne peut ni le voir ni le prendre, il est tout autour de nous.
- **Il est composé de différents gaz**, dont l'oxygène qui est indispensable à la vie. C'est pourquoi il est important de réduire la pollution de l'air (gaz d'échappement, fumées d'usine, etc.).

On t'explique

Connaitre les propriétés de l'air

- L'air a une masse, on peut le **peser** : un ballon rempli d'air est plus lourd qu'un ballon dégonflé.
- **L'air a un** volume, il occupe un espace. **Il peut changer de volume :** on dit qu'il est **compressible**.
- **La** chaleur **dilate l'air** : il prend plus d'espace.
- **L'air résiste aux** matières solides : le tissu du parachute « s'appuie » sur l'air, donc la descente est plus lente et moins dangereuse.

Spécial parents

- **Étudier l'air** est difficile, car celui-ci est un élément non perceptible… sauf sous l'effet du vent. Vous pouvez donc faire des expériences, avec un éventail ou un moulin à vent par exemple !

Entraine-toi !

1 * Entoure les situations dans lesquelles tu peux voir la présence de l'air.

2 ** Observe cette expérience. Que peux-tu en déduire ? Réponds par Vrai ou Faux.

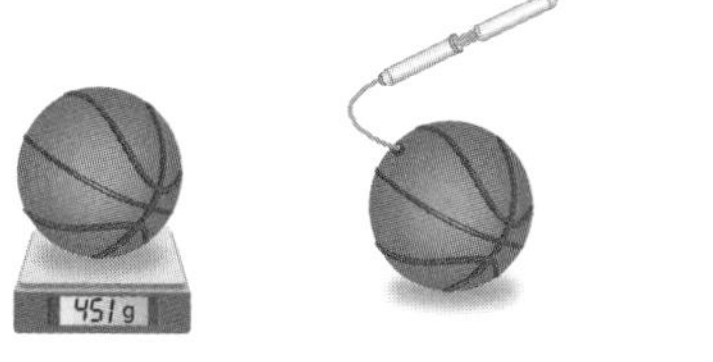

a. Un ballon dégonflé pèse plus lourd qu'un ballon gonflé.

☐ Vrai ☐ Faux

b. Si on rajoute de l'air dans un ballon, il devient plus lourd.

☐ Vrai ☐ Faux

c. L'air a une masse.

☐ Vrai ☐ Faux

d. Un ballon gonflé devient plus petit.

☐ Vrai ☐ Faux

3 * Lequel des deux objets tombera le plus vite ? Pourquoi ?**

....

....

Fais cette expérience et complète les phrases.

1. Prends un petit sac plastique.

2. Gonfle-le comme un ballon et fais un nœud pour que l'air ne s'en échappe plus.

a. Tu viens d'enfermer de l'air. Tu peux donc en déduire que l'air a un ....

b. Peux-tu réduire ou écraser le sac, pour qu'il prenne moins de place ? ....

Tu peux en déduire que le .... de l'air est ....

c. Sans ouvrir le sac, peux-tu l'écraser complètement ? ....

Tu peux en déduire que l'air oppose une ....

Bravo ! Tu es devenu(e) incollable sur la présence de l'air.

Les êtres vivants et leur milieu

Avec Inès et Hugo

J'adore les promenades en forêt !
Tu as vu toutes ces plantes ?

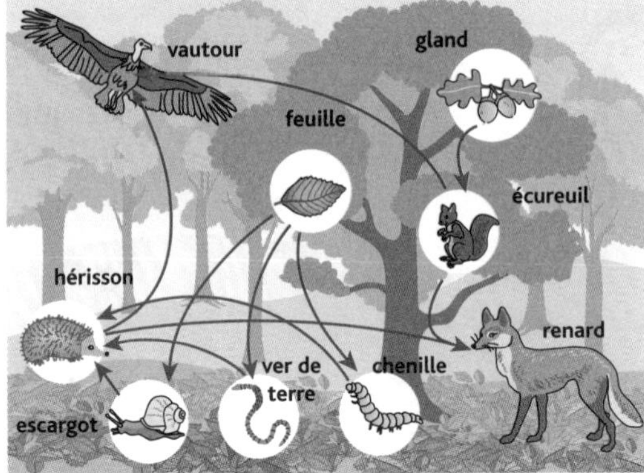

Oui. Et tous ces animaux...
Ils ont vraiment besoin les uns des autres!

La leçon

- Un **être vivant** est un être qui **nait**, qui se **nourrit** pour grandir et **se reproduire**, et qui **meurt**. *Une plante est un être vivant, un rocher n'est pas un être vivant.*
- Un **milieu naturel** est un **lieu où vivent des êtres vivants**, des végétaux et des animaux, par exemple : *la forêt*.
  – Dans un milieu naturel, les êtres vivants se nourrissent les uns des autres.
  – Pour préserver un milieu naturel, il faut :
    – contrôler la chasse pour protéger certaines espèces,
    – éviter de polluer ces milieux par nos déchets.

On t'explique

Comprendre une chaine alimentaire

- **Pour comprendre une chaine alimentaire**, observe bien les flèches dans le dessin ci-dessus : elles t'indiquent **qui se fait manger par qui**.

Le renard (le prédateur) *est un carnivore : il mange le hérisson* (sa proie).
→ *Le hérisson mange des vers.*
→ *Les vers se nourrissent des feuilles et des racines de l'arbre.*
→ *L'arbre se nourrit de sels minéraux absorbés par ses racines.*

Spécial parents

- **Un milieu naturel est un écosystème :** tous les êtres vivants vivent en relation étroite. Ce sont des équilibres fragiles que l'homme détruit soit par une chasse non contrôlée, soit par la pollution : il reste le plus grand des prédateurs.
- **Quel est le nombre d'années nécessaires pour une dégradation naturelle ?** 4 000 ans pour une bouteille de verre, 1 000 ans pour une bouteille en plastique, 10 ans pour une boite de conserve, 5 ans pour un chewing-gum...

Entraine-toi !

1 * Colorie les êtres vivants.

2 ** Écris V (vrai) ou F (faux). Aide-toi de l'illustration, page 174.

a. Le renard est un prédateur. ....

b. Le hérisson est la proie de l'escargot. ....

c. Les arbres se nourrissent de glands. ....

d. La chenille se nourrit de feuilles. ....

3 ** Complète ces chaines alimentaires avec ces mots (la flèche signifie « est mangé(e) par ») :

ver – renard – écureuil – feuille

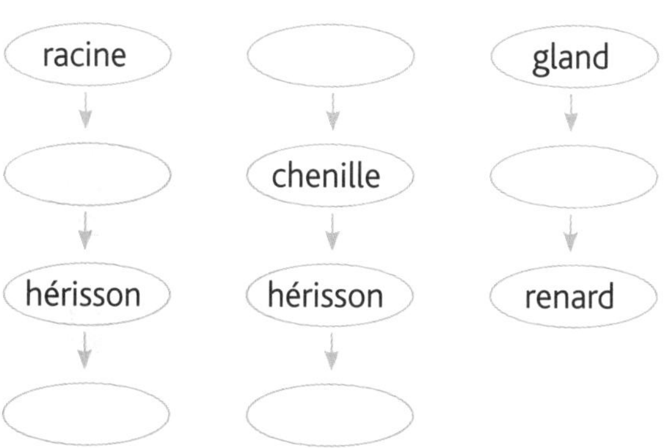

4 * Voici une chaine alimentaire. Entoure la bonne réponse.**

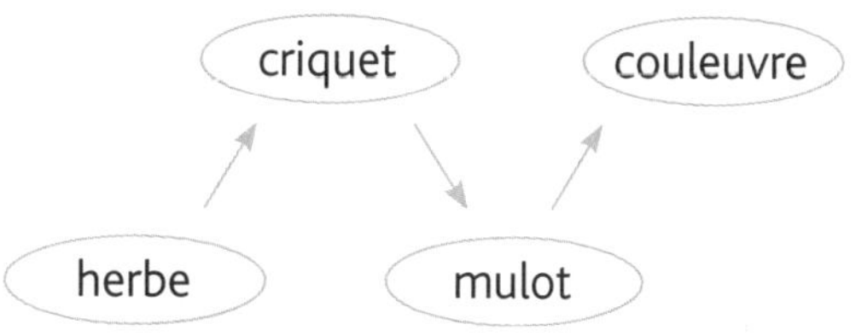

a. Quel est l'animal herbivore ?
le mulot – la couleuvre – le criquet

b. Qui est en fin de chaine ?
l'herbe – le criquet – la couleuvre

c. Où trouve-t-on ces animaux ? dans une mare – dans une prairie – dans un bois

d. Que se passerait-il si tous les mulots disparaissaient ? Il y aurait trop de couleuvres. – Il y aurait trop de criquets. – Il n'y aurait plus de criquets.

EXO DÉFI **Observe l'image et réponds aux questions sur l'ardoise.**

a. Quels sont les animaux carnivores ?

b. Écris une chaine alimentaire.

c. Quels éléments ne sont pas naturels ?

d. Pourquoi ces éléments sont-ils dangereux ?

Bravo ! Tu connais les êtres vivants et leur milieu.

La diversité des animaux

Avec Inès et Hugo

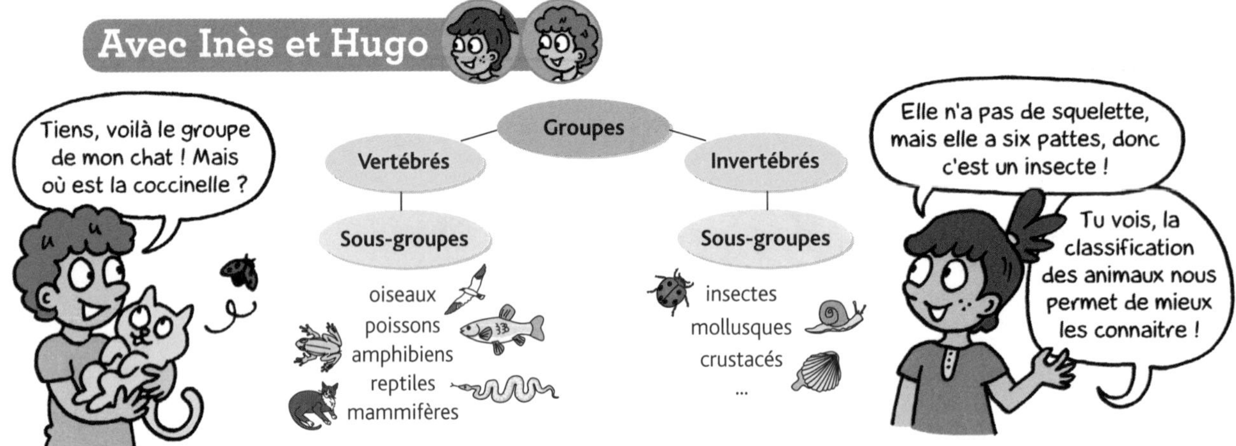

Tiens, voilà le groupe de mon chat ! Mais où est la coccinelle ?
Groupes
Vertébrés
Invertébrés
Sous-groupes
oiseaux
poissons
amphibiens
reptiles
mammifères
Sous-groupes
insectes
mollusques
crustacés
...
Elle n'a pas de squelette, mais elle a six pattes, donc c'est un insecte !
Tu vois, la classification des animaux nous permet de mieux les connaitre !

La leçon

- Les animaux font partie du monde vivant, comme les végétaux.
- **On classe les animaux en deux groupes :**
  – les **vertébrés** qui ont un squelette,
  – les **invertébrés** qui n'ont pas de squelette.
- À l'intérieur de ces groupes, il y a des « **sous-groupes** » : les oiseaux, les amphibiens, les reptiles, les insectes, les mollusques...
- On peut aussi classer les animaux selon leur **mode de déplacement**, leur mode de **reproduction**, leur **alimentation**.

On t'explique

Écrire la carte d'identité d'un animal

- **Pour écrire la carte d'identité d'un animal, tu dois d'abord l'observer :**
  La grenouille a un squelette.
  Elle a une peau nue et humide.
  Elle saute et nage très bien grâce à ses grandes pattes arrières.
  Elle respire par la peau et par des poumons.
- Voici maintenant la carte d'identité de la grenouille :

Groupe	*vertébré*
Sous-groupe	*amphibien*
Déplacement	*Elle saute et elle nage.*
Reproduction	*Elle pond des œufs.*
Alimentation	*Elle se nourrit d'insectes, c'est un insectivore.*
Lieux de vie	*Elle vit dans les mares et les étangs.*

Spécial parents

- **Les invertébrés sont les plus nombreux.** Ils comptent aussi le plus d'espèces différentes : il existe plus de 100 000 espèces de mollusques, alors que les mammifères ne comptent que 4 500 espèces différentes.
- Les cétacés (dauphins, baleines...) sont des mammifères marins.

Entraine-toi !

1 * **Écris VE pour « vertébré » et IN pour « invertébré ».**

a. le chat .....
b. le ver de terre .....
c. la girafe .....
d. la mouche .....
e. l'escargot .....
f. le dauphin .....
g. le crabe .....
h. la mouette .....

2 * **Colorie les mammifères.**

3 ** **Complète avec :** ***vole, marche, saute, nage, plonge, rampe.***

a. La grenouille *saute, nage, plonge*.
b. L'escargot ....
c. Le lapin ....
d. La pie ....
e. Le canard ....

4 ** **Relie chaque animal à son alimentation, puis à son régime alimentaire.**

le loup •	• herbe •	• carnivore
la vache •	• graines •	• herbivore
la poule •	• viande •	• frugivore
le perroquet •	• fruits •	• granivore

5 *** **Aide-toi de ces mots pour répondre aux devinettes.**

l'escargot – le renard – la crevette – le crocodile

a. Je suis un invertébré : je vis dans l'eau et j'ai une carapace qui recouvre tout mon corps. **Je suis** ....
b. Je fais partie des reptiles. Mon corps est couvert d'écailles soudées. Je suis un carnivore. **Je suis** ....
c. Je suis un mollusque. Je rampe avec ma coquille car je n'ai pas de pattes. **Je suis** ....
d. Je ne ponds pas d'œufs. J'élève mes petits dans une tanière. Je suis carnivore. **Je suis** ....

Écris la carte d'identité de cet animal.

Nom	hibou
Groupe	....
Sous-groupe	....
Déplacement	....
Reproduction	....
Alimentation	....
Lieu de vie	....

Bravo ! Maintenant, la classification des animaux n'a plus de secret pour toi.

CORRIGÉS P. 29 Guide parents

5

Sciences • Le monde du vivant, de la matière, des objets

La croissance : notre corps change

Avec Inès et Hugo

La dentition

La leçon

- **Depuis notre naissance**, notre corps se transforme : **on grandit.**
  - en taille,
  - en poids,
  - ou encore en pointure.
- **Notre dentition** passe de 20 dents de lait à 32 dents définitives à l'âge adulte.
- **Notre** squelette **et nos** muscles se développent différemment selon qu'on est un garçon ou une fille.

On t'explique

Savoir lire un graphique ou une courbe de croissance

- **Pour mieux comprendre l'évolution de ta croissance, étudie les** courbes de croissance.
- **Sur ce graphique**, on a placé la taille d'un bébé selon son âge. Par exemple, à 9 mois, la taille moyenne d'un bébé est de 70 cm.
- **Ce graphique permet de voir où se situe la taille du bébé :** si elle se place dans la partie verte, sa taille est normale pour son âge. Si elle se place dessous ou dessus, on devra surveiller sa croissance.

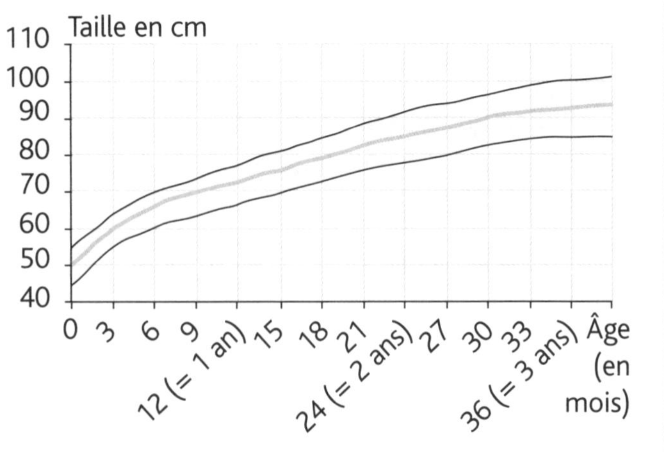

Spécial parents

- **En lien avec les mathématiques**, l'apprentissage de la lecture d'un graphique est à encourager : surtout les graphiques qui concernent directement votre enfant, ceux de son carnet de santé. N'hésitez pas à lui montrer et à lui expliquer sa croissance.

Entraine-toi !

1 * Colorie d'une même couleur les étiquettes qui vont ensemble.

bébé	enfant	chaussures 30	adulte
65 kg	45 kg	chaussures 36	20 kg
chaussures 40	60 cm	140 cm	170 cm
chaussures 22	100 cm	adolescent	5 kg

2 ** Réponds en cochant Vrai ou Faux.

a. À 6 ans, on perd ses dents. ☐ Vrai ☐ Faux

b. On a 25 dents à l'âge adulte. ☐ Vrai ☐ Faux

c. Les dents de lait remplacent les dents définitives. ☐ Vrai ☐ Faux

d. On nait avec toutes ses dents. ☐ Vrai ☐ Faux

3 * Voici la courbe de croissance de poids de Léa et de Léo.**

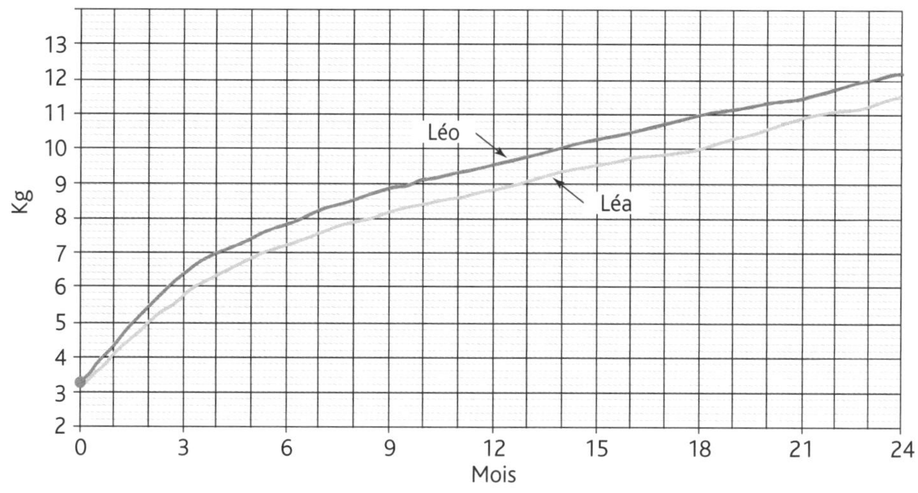

Complète le tableau :

	Poids à la naissance	À 3 mois	À 9 mois	À 12 mois		À 21 mois
Léa					**10 kg**	
Léo					**11 kg**	

Renseigne-toi et remplis ton carnet de santé !

Carnet de santé de			
Mon poids à la naissance	....	**Mon poids aujourd'hui**	....
Ma taille à la naissance	....	**Ma taille aujourd'hui**	....
Apparition de ma première dent	....	**Ma pointure**	....

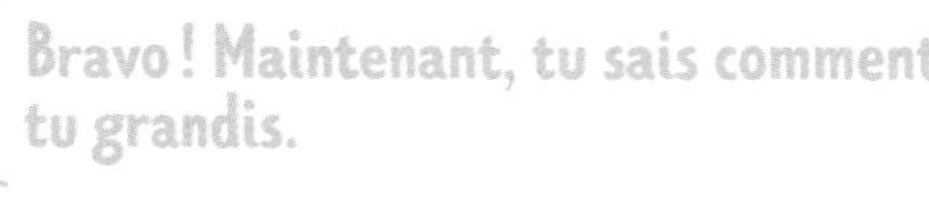

Notre alimentation

Avec Inès et Hugo

Hum !
Je prends
le menu A !

Eh bien,
il n'est pas
très équilibré !

Menu A	*Menu B*
• Charcuterie *• Porc au caramel* *• Frites* *• Fromage* *• Gâteau au chocolat avec une boule de glace*	*• Salade de tomates* *• Poisson grillé* *• Riz* *• Fromage* *• Salade de fruits*

Quoi ?
Je te parle de
l'équilibre de ton
alimentation !

La leçon

▪ **Notre corps a besoin d'aliments pour se développer :** ils nous apportent de l'**énergie**, des **vitamines** et de quoi nous construire.

▪ **On classe les aliments en sept groupes** ; pour être en bonne santé, il faut manger un aliment de chaque groupe à chaque repas.

▪ **Une alimentation qui n'est pas équilibrée** peut entrainer de gros problèmes de santé : l'obésité, par exemple, est due, dans de nombreux cas, à une mauvaise hygiène alimentaire.

On t'explique

Avoir une alimentation équilibrée

▪ **Pour bien te nourrir**, aide-toi de la classification des aliments :

Groupe 1	viande, poisson, œuf	**Groupe 4**	pain, pâtes, pommes de terre, sucre, riz
Groupe 2	lait et fromage	**Groupe 5**	fruits et légumes
Groupe 3	huile, beurre, charcuterie	**Groupe 6**	eau, jus de fruits

les aliments énergétiques, riches en sucre et en graisses
les aliments bâtisseurs, riches en protéines et en graisses
les aliments protecteurs, riches en sucre et en vitamines
l'eau, essentielle à la vie

▪ **Groupe 7 :** aliments non indispensables (chips, sucreries...).

Spécial parents

▪ **Les 6 groupes nutritifs regroupent tous les aliments :** les groupes 1 et 2 procurent des glucides (sucres), des protides (protéines) et des lipides (graisses). Les groupes 3 et 4 sont les carburants des sportifs avec leur gros apport en lipides et en glucides. Le groupe 5 apporte des glucides, des sels minéraux et des vitamines. Le groupe 7 est à consommer avec modération.

Entraine-toi !

1 * En t'aidant du tableau page 180, écris le groupe de chaque aliment.

a. la banane : ....

b. le pain : ....

c. le jus de pomme : ....

d. le camembert : ....

e. le poulet : ....

f. le sucre : ....

2 ** Classe ces aliments selon ce qu'ils apportent à notre corps.

poulet – poisson – pain – carottes – huile – haricots verts – gruyère

a. Ils apportent de l'énergie : ....

....

b. Ils font grandir : ....

....

c. Ils protègent : ....

....

3 ** Écris Vrai ou Faux.

a. Il faut manger de tout. ....

b. Il faut manger selon son activité sportive. ....

c. Tous les aliments nous sont donnés par les animaux. ....

d. L'eau est essentielle à la vie. ....

e. Pour avoir des vitamines, il faut manger beaucoup de sucre. ....

4 * Relie le menu qui conviendrait à chaque personnage.**

a.

Menu 1
- Salade de tomates
- Poisson grillé
- Haricots verts
- Fruit

b.

Menu 2
- Salade de pommes de terre
- Pâtes et viande grillée
- Yaourt
- Salade de fruits

c.

Menu 3
- Purée de légumes
- Petits dés de jambon
- Petits suisses
- Biscuit

5 * Quels sont les groupes des aliments du menu A (en haut de la page 180) ? Ce menu est-il équilibré ? Pourquoi ?**

....

....

....

....

....

....

À toi d'écrire, sur une feuille à part, un menu équilibré.

Bravo ! Tu es devenu(e) incollable sur l'alimentation.

CORRIGÉS P. 29 Guide parents

Un objet technique : la balance

Avec Inès et Hugo

C'est moi le plus fort ! Regarde, je soulève cette valise.
Moi aussi, je peux soulever un sac ! Et voilà !

Mais il est plus léger !

J'adore les objets techniques !

La leçon

▪ **Depuis très longtemps**, les hommes inventent des **objets techniques** : ce sont des objets qui les aident à travailler, porter, se déplacer, construire…

▪ **La balance** est un objet technique qui peut :
– comparer des masses ;
– mesurer des masses.

La balance de Roberval

La balance électronique

On t'explique

Construire une balance

▪ **Une balance est composée :**
– **d'un levier** : c'est la partie horizontale qui va pencher selon la masse de l'objet ;
– **d'un point fixe** ;
– **de deux récipients** qui permettent de poser les objets que l'on veut peser.

▪ **À partir de ces principes**, tu peux construire des balances très simples pour comparer ou mesurer la masse des objets.

Spécial parents

▪ **Amusez-vous à faire le tour des objets techniques de la maison !** Ils sont nombreux : du plus simple comme le levier au plus perfectionné comme l'ordinateur.
▪ **Faites des expériences avec votre enfant :** une situation concrète lui sera plus facile à assimiler.

Entraine-toi !

1 * Écris la masse des objets pesés.

a. ....

b. ....

c. ....

2 ** Observe ces expériences et écris Vrai ou Faux.

a. Une balance permet de comparer la masse de deux objets. ....

b. L'objet le plus lourd descend vers le sol. ....

c. On peut avoir une masse très précise avec une balance électronique. ....

d. L'objet le plus léger fait pencher la balance. ....

e. Avant d'utiliser la balance, il faut que le levier soit horizontal. ....

Bravo ! Tu maitrises le fonctionnement d'une balance.

3 *** Comment peux-tu construire une balance avec ces objets ? Fais l'expérience à la maison.

une tringle — un cintre — deux sacs en plastique

Complète le texte :

a. Le cintre est le ....

b. Il prend appui sur le point fixe qui est la ....

c. Les .... sont les plateaux de la balance.

Range ces sacs du plus lourd au plus léger, puis complète.

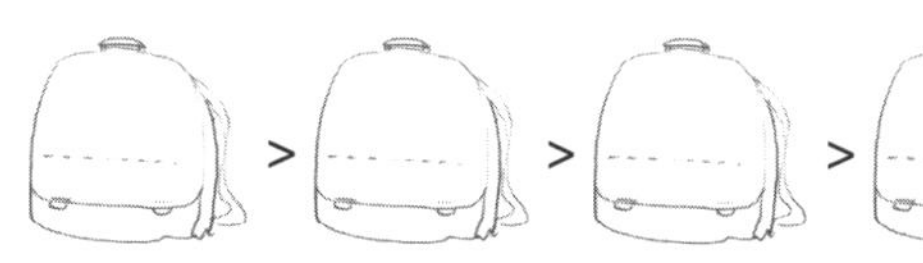

a. .... a le sac le plus lourd.

b. .... a le sac le plus léger.

c. .... ont un sac plus lourd que celui de Léa.

CORRIGÉS P. 29
Guide parents

Français
Maths
Histoire
Ens. moral et civique
Géographie
Sciences
Anglais

L'électricité

Avec Inès et Hugo

Qu'est-ce que tu fais ?
Je fabrique un circuit électrique.
Tu es fou ! C'est très dangereux !
Mais non ! J'utilise des piles.
Je suis un savant, mais pas un savant fou !

La leçon

■ **L'électricité est une force qui permet de faire fonctionner certains appareils :** elle part d'une **source** (pile ou prise électrique) et passe dans des **matériaux conducteurs** pour allumer une lampe ou faire fonctionner un moteur.
Certains matériaux, comme le plastique, le bois, le verre, ne laissent pas passer l'électricité : ce sont des **isolants**.

■ **La tension du courant électrique** se mesure en **volt (V)**. Le courant électrique de la maison est de 230 volts, il est donc très dangereux.

On t'explique

Réaliser un circuit électrique

■ **Pour réaliser un circuit électrique**, tu as besoin d'une pile de 4,5 volts, de fils électriques aux bouts dénudés, d'une petite lampe (*ampoule*).
La pile est la source : elle est chargée d'électricité. L'intérieur des fils est en cuivre : c'est un très bon conducteur comme presque tous les métaux.

■ **Réalise ces montages** et observe :

La lampe ne s'allume pas car le courant ne peut pas passer.
C'est un circuit ouvert.

La lampe s'allume car le courant passe partout.
C'est un circuit fermé.

Spécial parents

■ **Les notions d'électricité sont importantes**, car cette énergie est présente partout. Il est très facile de réaliser de petits montages à la maison (avec des matériaux appropriés).

Entraine-toi !

1 * **Entoure les appareils qui utilisent l'électricité.**

a. le lave-linge
b. le lecteur DVD
c. la trottinette
d. la brosse à dents
e. le fer à repasser
f. l'ordinateur
g. les rollers
h. la game-boy
i. le briquet
j. un ballon

2 ** **Réponds aux questions.**

a. Pourquoi les objets électriques sont-ils souvent en plastique (ex. : un fer à repasser) ?

....

....

b. Quelle est la tension de la maison ? Est-elle dangereuse ?

....

....

c. Comment s'appelle un matériau qui laisse passer le courant électrique ?

....

....

3 ** **Complète ce tableau en cochant les cases qui conviennent.**

Matériau	Conducteur	Isolant
verre		
fer		
cuivre		
bois		
aluminium		
plastique		

4 *** **Colorie les ampoules qui peuvent s'allumer.**

a.

b.

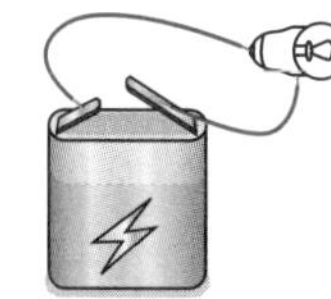

c.

d.

EXO DÉFI **Observe ce montage et coche ce qui te parait vrai.**

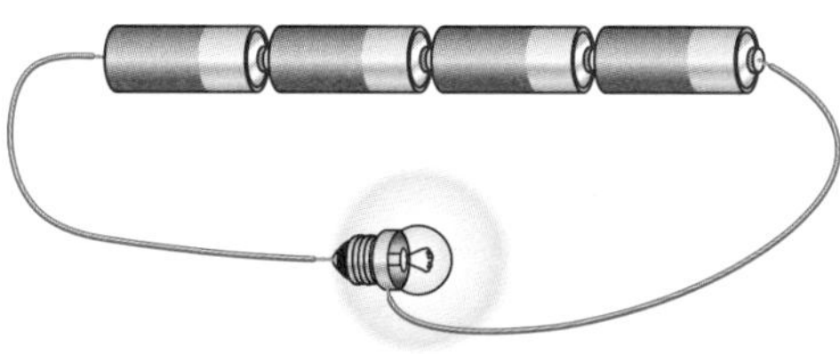

a. ☐ L'ampoule s'allume car le circuit est fermé.

b. ☐ L'ampoule brille plus que si les fils étaient plus courts.

c. ☐ L'ampoule brille plus car la tension est plus forte que dans le cas où il n'y a qu'une seule pile.

d. ☐ L'ampoule ne s'allume pas car le circuit est ouvert.

Bravo ! Tu connais le fonctionnement d'un circuit électrique simple.

1

Anglais

Se présenter, la famille, les animaux

Avec Inès et Hugo

Hello!
My name's Sam.
Who are you?
Hello!
I'm Ann.
I'm eight.

This is my sister.
It's my cat.

La leçon

■ **Family / *Famille***

grandfather	*grand-père*
grandmother	*grand-mère*
father	*père*
mother	*mère*
brother	*frère*
sister	*sœur*
uncle	*oncle*
aunt	*tante*
cousin	*cousin(e)*

■ **Animals / *Animaux***

dog
cow
cat
chicken
mouse
pig
bird
sheep

On t'explique

Se présenter, présenter quelqu'un

Hello, who are you?	*Bonjour, qui es-tu ?*
Hello, I'm Sam.	*Salut, je suis Sam.*
What's your name?	*Comment t'appelles-tu ?*
My name's Sam.	*Je m'appelle Sam.*
How old are you?	*Quel âge as-tu ?*
I'm eight (years old).	*J'ai huit ans.*
Who is this?	*Qui est-ce ?*
This is my brother.	*Voici mon frère.*
What is it?	*Qu'est-ce que c'est ?*
It's my dog.	*C'est mon chien.*

Spécial parents

■ **Au cycle 2**, l'enseignement de l'anglais vise l'acquisition d'un petit nombre de situations de communication, ainsi que la découverte d'une nouvelle culture.
■ **En classe, des activités orales sont ritualisées** (salutations, prise de parole…). Votre enfant apprend entre autres à se présenter lui-même, à présenter d'autres personnes ou éléments de son entourage.

Entraine-toi !

1 * Complète l'arbre généalogique.

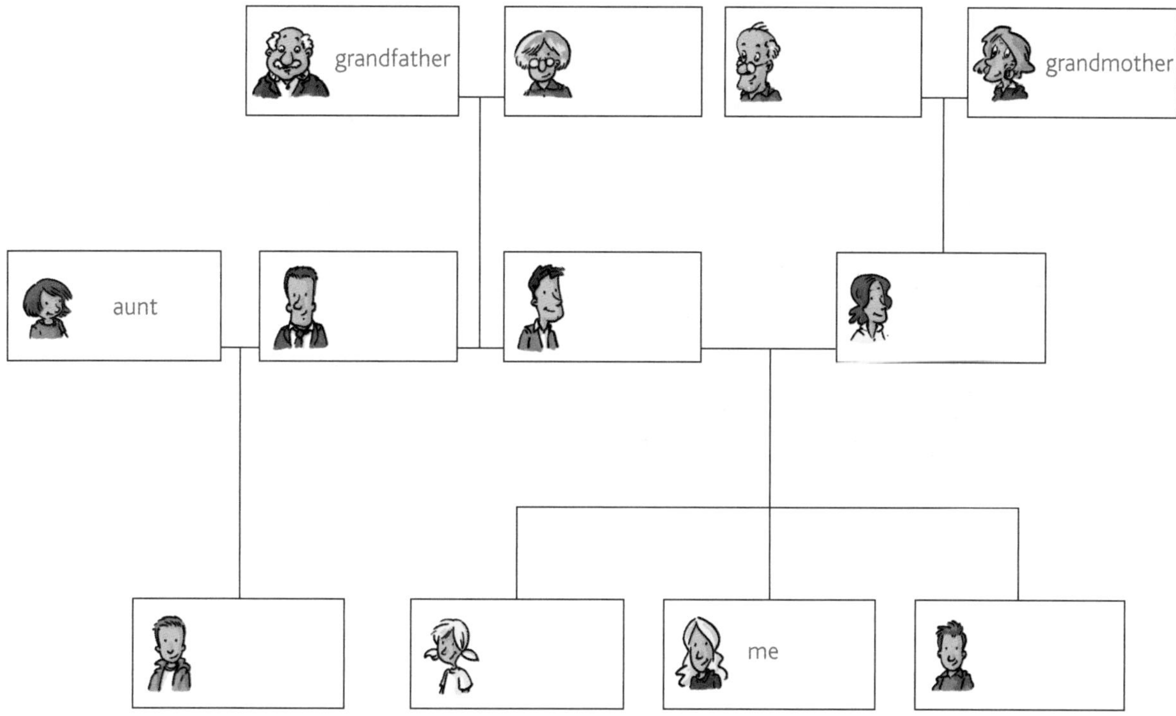

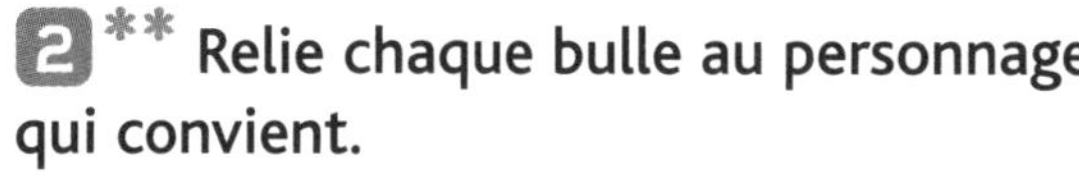

2 ** Relie chaque bulle au personnage qui convient.

1. Hello! My name's Kelly.
2. Hello! What's your name?
a.
b.
3. I'm eight years old.
4. How old are you, Jim?
c.
d.

EXO DÉFI Complète la grille avec des noms d'animaux.

Bravo ! Maintenant, tu sais te présenter et tu connais le nom de quelques animaux.

2

Anglais

Posséder, le corps, les vêtements

Avec Inès et Hugo

La leçon

Body / *Corps*

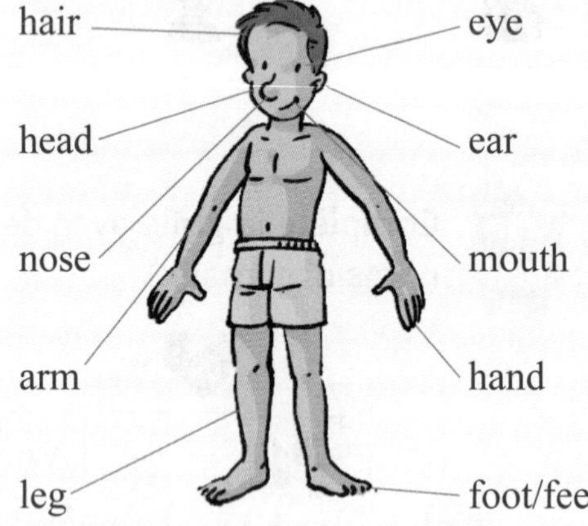

Foot désigne 1 pied, *feet* désigne les 2 pieds.

Clothes / *Vêtements*

On t'explique

Dire ce que l'on possède

Have you got a T-shirt?	*As-tu un tee-shirt ?*
I've got a T-shirt.	*J'ai un tee-shirt.*
Is it your dress?	*Est-ce ta robe ?*
It's my pullover.	*C'est mon pull.*
This is his/her hand.	*C'est sa main.*

Spécial parents

- **Parmi les compétences à acquérir**, votre enfant va apprendre à décrire ce qu'il possède (*have got*), à décrire son corps et connaitre le nom des vêtements.
- **Au cycle 3, votre enfant apprend à comprendre des énoncés oraux simples**, à lire des phrases simples, à communiquer (questions/réponses) et à écrire quelques messages simples.

Entraine-toi !

1 * Écris les réponses dans les bulles.

a.
Have you got a skirt?
Yes, ...
....
b.
Is it your T-shirt?
Yes, ...
....

2 ** Relie chaque mot au vêtement correspondant.

a. boots ▪ ▪ 

b. T-shirt ▪ ▪ 

c. trousers ▪ ▪ 

d. skirt ▪ ▪ 

e. shoes ▪ ▪ 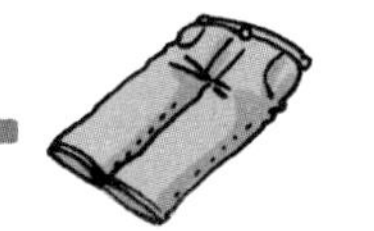

3 *** Écris le nom des parties du corps.

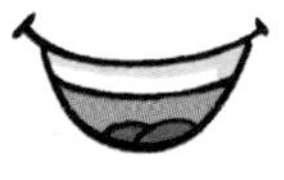

a. .... b. ....

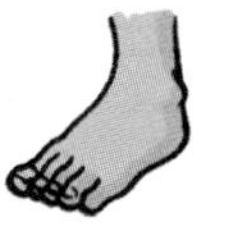

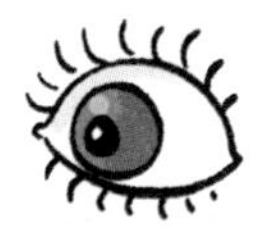

c. .... d. ....

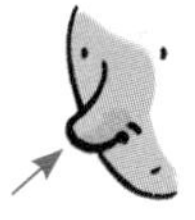

e. .... f. ....

Relie chaque étiquette correspondant au personnage décrit. Colorie-les.

a. He has got a pullover, jeans and shoes.

b. She has got a dress, a T-shirt and boots.

Bravo ! Maintenant, tu sais dire ce que tu possèdes et parler du corps et des vêtements.

Français
Maths
Histoire
Ens. moral et civique
Géographie
Sciences
Anglais

3

Anglais

Dire l'heure, le temps qu'il fait, les jours de la semaine, les saisons

Avec Inès et Hugo

La leçon

■ Days / *Jours*

Monday	*lundi*
Tuesday	*mardi*
Wednesday	*mercredi*
Thursday	*jeudi*
Friday	*vendredi*
Saturday	*samedi*
Sunday	*dimanche*

■ Seasons / *Saisons*

Spring	*printemps*
Summer	*été*
Autumn	*automne*
Winter	*hiver*

■ Weather / *Météo*

sun

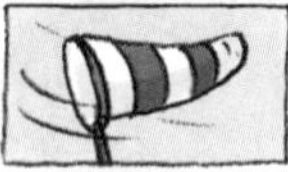
wind

rain

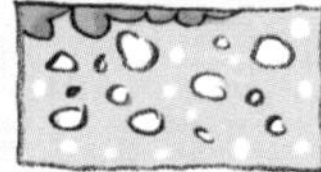
snow

On t'explique

Dire l'heure et le temps qu'il fait

What time is it?	*Quelle heure est-il ?*
It's noon.	*Il est midi.*
It's half past five.	*Il est cinq heures et demie.*
What's the weather like today?	*Quel temps fait-il aujourd'hui ?*
It's sunny.	*Il y a du soleil.*
It's windy.	*Il y a du vent.*
It's rainy.	*Il pleut.*
It's snowy.	*Il neige.*

Spécial parents

■ **Les activités d'anglais sont organisées autour de thèmes proches du quotidien des élèves :** le temps qu'il fait, les jours de la semaine, les saisons.

Entraine-toi !

1 * De quelle saison s'agit-il ?

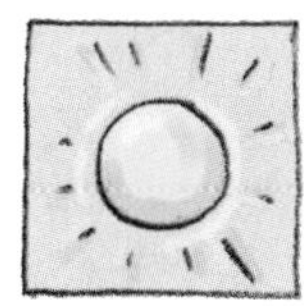

a. It's *summer*.

b. It's ....

c. It's ....

d. It's ....

2 ** Complète.

a. It's *sunny*.

b. It's ....

c. It's ....

d. It's ....

3 *** Relie les mots équivalents.

a. Monday ▪	▪ Dimanche
b. Wednesday ▪	▪ Jeudi
c. Sunday ▪	▪ Lundi
d. Thursday ▪	▪ Mercredi
e. Friday ▪	▪ Samedi
f. Saturday ▪	▪ Mardi
g. Tuesday ▪	▪ Vendredi

EXO DÉFI Quelle heure est-il ? Complète.

It's two o'clock.

a. It's .... o'clock.

b. It's .... o'clock.

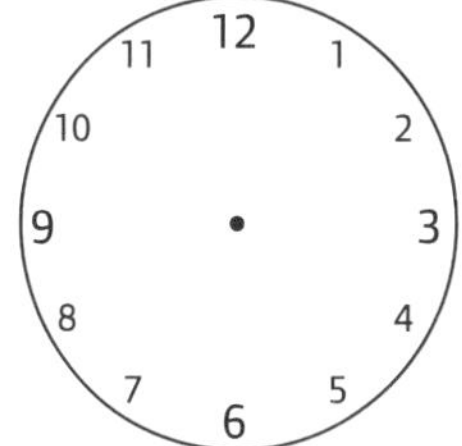

c. It's four o'clock.

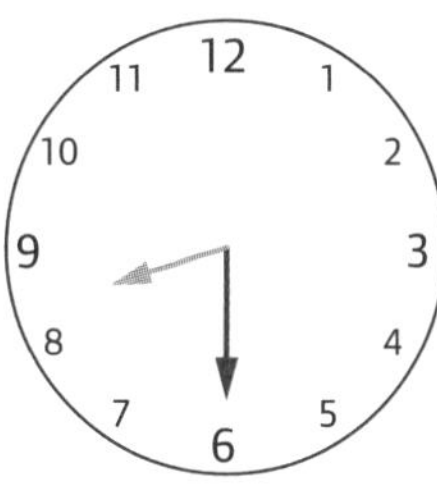

It's half past eight.

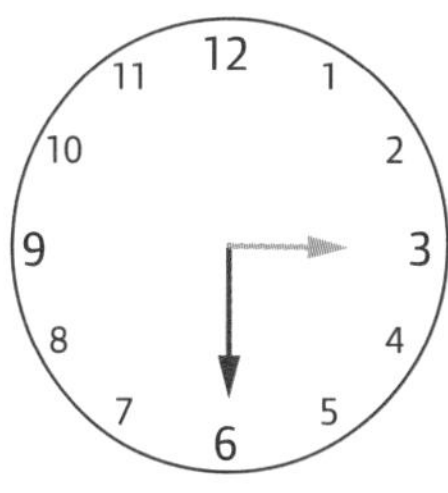

d. It's half past ....

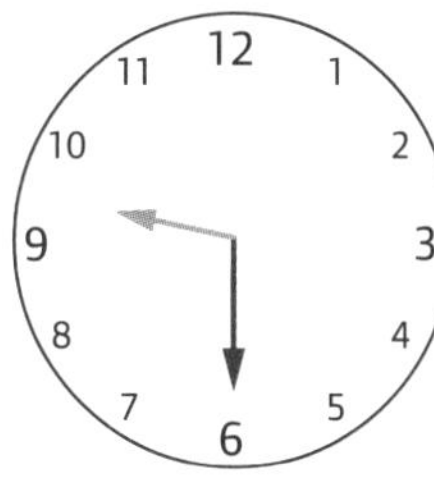

e. It's half past ....

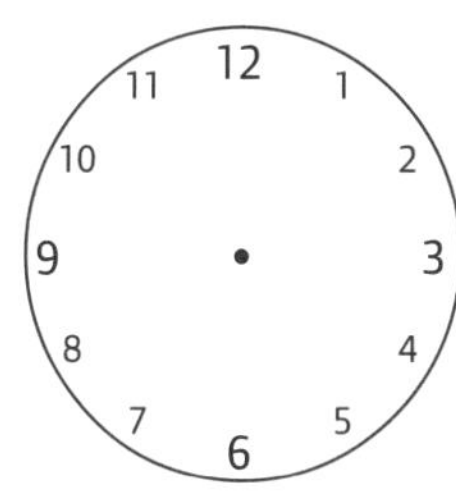

f. It's half past five.

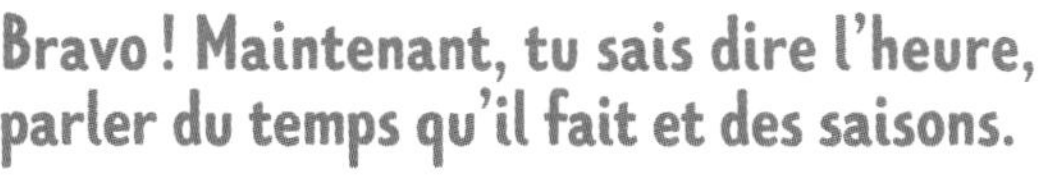

Bravo ! Maintenant, tu sais dire l'heure, parler du temps qu'il fait et des saisons.

CORRIGÉS P. 29 Guide parents

Crédits photographiques

Livre Enfant : 67 d Hemera ; g HEMERA ; m Digital Stock ; 77 ht Vectors market / Flaticon ; ht m Pixel Buddha / Flaticon ; ht b Smashicons / Flaticon ; 135 bas BIS/Ph. L. Petit © Archives Larbor ; bas d BIS/Ph. Jeanbor © Archives Larbor ; ht Photodisc ; 137 ht a BIS / Ph. Jean-Pierre Vieil © Archives Larbor ; ht b BIS/Ph. C. Roux © Archives Larbor ; ht c Bridgeman-Giraudon; ht d Goodshot ; 139 ht BIS/Ph. C. Roux © Archives Larbor ; bas a BIS/Ph. M. Didier © Archives Larbor ; bas b ARCHIVES NATHAN/Sonneville ; bas c ARCHIVES NATHAN ; bas d BIS/Ph. Coll. Archives Larbor ; 140 ARCHIVES NATHAN/Musée du Louvre ; 141 bas d BIS/Ph. Coll. Archives Larbor ; bas g BIS/Ph. Coll. Archives Larbor ; ht d ARCHIVES NATHAN ; ht g ARCHIVES NATHAN/Sonneville ; 142 ht d BIS/Ph. Coll. Archives Larbor ; ht g BIS/Ph. Ellebé © Archives Larbor ; ht m BIS/Ph. Coll. Archives Larbor ; 144 Bis/ph.Hubert Josse ; bas g Shutterstock / Everett Historical, bas mg BIS Ph. Coll. Archives Larbor, bas md BIS / Ph. Jean-Pierre Vieil © Archives Larbor ; bas d © Shutterstock / Georgios Kollidas ; 145 a ANDIA.FR/© Druais ; b Fotolia / Jean Yves Yan Lun ; c BIS/ph. Hubert Josse ; d BIS/Ph.Coll.Archives Larbor ; 146 ht Shutterstock / Hein Nouwens ; b Shutterstock / Marzolino ; 147 hg Shutterstock / Igor Klimov ; hm Shutterstock / Love the wind ; hd Shutterstock / Tomislav Pinter ; bg Shutterstock / urfin ; bd Shutterstock / Umlaut1968 ; bas (Tour Eiffel) © Archivio L.A.R.A / Planeta ; 148 Charles de Gaulle : Jean-Marie Marcel/La Documentation Française ; Georges Pompidou : François Pagès / Paris-Match/ La Documentation Française ; Photo Jacques-Henri Lartigue/La Documentation Française ; François Mitterand : Photo Gisèle Freund/ La Documentation Française ; Jacques Chirac : Photo Bettina Rheims/La Documentation Française ; Nicolas Sarkozy : Photo Philippe Warrin/La Documentation Française ; François Hollande : Photo Raymond Depardon/DILA/La Documentation Française ; Emmanuel Macron : DILA-La Documentation Française / © Soizig de la Moissonnière ; 149 a Shutterstock / Customdesigner ; b © Shutterstock / Evgeny Karandaev ; c Shutterstock / Love the wind ; d © Shutterstock / Reload design ; e Shutterstock / Nisakorn Neera ; f Shutterstock / FotograFFF ; bas droite BIS / Ph. Coll. Archives Nathan ; 150 g Adobe Stock / jusep ; d Ministère de la Transition écologique; 153 1. Shutterstock / andersphoto ; 2. Shutterstock / Vlad1988 ; 3. © Shutterstock / Delpixel ; 4. ARCHIVES NATHAN ; 156 ht m Fotolia / Onidji ; 157 bas d Shutterstock / george studio ; 158 bas ARCHIVES NATHAN ; m BIS/© Archives Larbor ; 160 ht d BIS/Ph. Sonneville © Archives Nathan ; ht g HPP/Hoa-Qui/Explorer/R. Mattes ; ht m BIS/Ph. Jeanbor © Archives Larbor ; 161 Goodshoot ; 162 d ARCHIVES NATHAN ; g ARCHIVES NATHAN ; m ARCHIVES NATHAN ; 163 d Photodisc ; g Photodisc ; m FRANCEDIAS. COM/Diaphor/Philippe Caudron ; 164 bg © Yann Arthus-Bertrand/Altitude ; 165 ARCHIVES NATHAN/port Autonome du Havre ; 167 bas d Corbis Royalty free ; bas g ARCHIVES NATHAN ; ht d Photodisc ; ht g BIS/Ph. Sonneville © Archives Nathan ; 168 ht d CIT'IMAGES/Pierre Rousseau ; ht g CIT'IMAGES/ Gérard Ceccaldi ; ht m IT'IMAGES/Pierre Rousseau ; 169 ARCHIVES NATHAN ; 172 hg Georlf Kalt / zefa / Corbis ; hd Imagestate / Eyedea ; b Dave G. Houser / Corbis ; 173 a Shutterstock / Aleksandrs Bondars ; b Shutterstock / Boris Ryaposov ; c Shutterstock / 7yonov ; d Shutterstock / Somchau Som ; e Shutterstock / ostill ; 176 bas Photodisc ; 177 Photodisc ; 182 g ARCHIVES NATHAN ; d Vincent Moncorgé/LookatSciences ; 183 a Shutterstock / AlexLMX ; b Shutterstock / caimacanul ; c Shutterstock / Vereshchagin Dmitry.

Guide parents: 1 Shutterstock / wavebreakmedia; 2 Shutterstock / Golden Pixels LLC; 3 Shutterstock / gpointstudio; 5 Shutterstock / Syda Productions; 7 Shutterstock / Romrodphoto; 8 Shutterstock / Iakov Filimonov; 10 Shutterstock / ESB Professional; 11 Shutterstock / Joshua Resnick; 12 Shutterstock / 4 PM production; 13 Shutterstock / LightField Studios

Création couverture: Allright – Création maquette: Véronique Lefebvre, Françoise Maurel – Coordination graphique: Kati Fleury – BD: Clémence Lallemand – Illustrations: Paul Beaupère – Dessins techniques: Vincent Landrin, Maggy Pottier (p. 101) – Cartographie: AFDEC, Marie-Sophie Putfin; Légendes Cartographie (p. 157) – Composition: PCA – Recherche iconographique: Maryse Hubert – Coordination éditoriale: Mông Thu Valakoon – Édition: Audrey Sandou.

N° de projet : 10287887
Imprimé en Italie en novembre 2022